Richard van Dülmen, geboren 1937, ist seit 1982 Professor für Neuere Geschichte an der Universität des Saarlandes in Saarbrücken.

Europäische Geschichte

Herausgegeben von Wolfgang Benz

Konzeption: Wolfgang Benz,
Rebekka Habermas und Walter H. Pehle

Europäische Geschichte

Richard van Dülmen

Die Entdeckung des Individuums

1500 – 1800

Fischer
Taschenbuch
Verlag

Für Michael Mitterauer

Originalausgabe
Veröffentlicht im Fischer Taschenbuch Verlag GmbH,
Frankfurt am Main, November 1997

Gesamtherstellung: Clausen & Bosse, Leck
Printed in Germany
ISBN 3-596-60122-3

Inhalt

Einleitung

Erst die moderne Gesellschaft hat sich die Idee der individuellen Selbstbestimmung und Selbstverwirklichung als Lebensziel zu eigen gemacht, und erst die moderne Gesellschaft ist – zumindest ihrem Selbstverständnis nach – bestrebt, die sozialen, politischen und ökonomischen Voraussetzungen für das Erreichen dieses Zieles zu schaffen und zu garantieren.[1] Dennoch bildet die Erforschung des Prozesses, in dessen Verlauf sich die Thematisierung des individuellen Bewußtseins und der individuellen Selbstfindung etablierte, bisher noch keine zentrale Fragestellung innerhalb der zeitgenössischen Geschichtswissenschaft. Wir wissen relativ viel über die allgemeinen Entstehungsbedingungen der modernen Welt, über die Ausbildung staatlicher Strukturen, die Ausweitung der Marktbeziehungen und die gesellschaftliche Differenzierung sozialer Gruppen. Doch wir wissen sehr wenig darüber, wie das ›moderne‹ Individuum sich herausbildete, wie die Individuen mit ihren persönlichen Zielen und Wünschen umgingen, wie sie eigene Wege zu finden versuchten und dabei womöglich aus den traditionellen Zusammenhängen ausbrachen.

Alle großen Theoretiker der Moderne haben in der Entdeckung des Individuums, in der Entstehung des Individualismus und im Prozeß der Individualisierung einen entscheidenden Grundzug der entstehenden Moderne gesehen, ohne daß es aber zu einer großen, empirisch abgesicherten Untersuchung mit eindeutigen Antworten gekommen wäre.[2] Die dem idealistischen Geist des 19. Jahrhunderts verpflichteten Analysen von Jakob Burckhardt und Wilhelm Dilthey blieben unhinterfragt bis in die Gegenwart gültig, als wären sie längst bewiesen. Jakob Burckhardt schrieb 1860: »Im Mittelalter lagen die beiden Seiten des Bewußtseins – nach der Welt hin und nach dem Innern des Menschen selbst – wie unter einem gemeinsamen Schleier träumend oder halbwach. Der Schleier war gewoben aus Glauben, Kindesbefangenheit und Wahn; durch ihn hindurchgesehen erschienen Welt und Geschichte wundersam gefärbt, der Mensch aber erkannte sich nur als Rasse, Volk, Partei, Korporation, Familie oder sonst in irgendeiner Form des Allgemeinen. In Italien zuerst verweht dieser Schleier in die Lüfte; es erwacht eine objektive Betrachtung und Behandlung des Staates und der sämtlichen Dinge dieser Welt überhaupt; daneben aber erhebt sich mit voller Macht das Subjektive; der Mensch wird geistiges Individuum und erkennt sich als solches.«[3] Diese Interpretation hat die europäische Sichtweise lange zumindest unterschwellig geprägt.

Wenn wir heute danach fragen, wann die Menschen anfingen, bewußt über sich nachzudenken, sich als Individuen zu definieren, die ihr Leben und sogar ihre Gesellschaft eigenständig nach ihren Maßstäben gestalten wollten, dann reicht der mehr oder weniger pauschale Hinweis auf die Renaissance, auf die großen bahnbrechenden Persönlichkeiten sowie auf die säkularisierende Kraft der Wissenschaft nicht mehr aus. Generell müssen fünf Problemzusammenhänge bedacht werden:

1. Wenngleich in der Renaissance die Selbstreflexion einen beachtenswerten Aufschwung erfahren hat, heißt dies nicht, daß es im Mittelalter keine Bemühungen um Selbstfindung gegeben hätte und das Ich in einem allgemeinen Universalismus untergegangen wäre. Ebensowenig handelt es sich beim Individuum der Renaissance um ein »bürgerliches« Individuum, wie dies das 19. Jahrhundert konstruierte. Eine ausgeprägte moderne Individualität im Sinne aufklärerischen, bürgerlichen Denkens hat es wohl kaum vor dem Ende des 18. Jahrhunderts gegeben.

2. Ansätze zur modernen Individualität können bereits in der europäischen intellektuellen Elite des 15./16. Jahrhunderts aufgedeckt werden. Diese Gruppe konnte sich besser artikulieren als andere Schichten, doch wäre es verfehlt, nur dieser männlichen Elite die Befähigung zur Selbstreflexion zuzusprechen. Angehörige des »einfachen« Volkes hinterließen ebenso Zeugnisse eigenständigen Denkens und Handelns wie Frauen, deren Bedeutung im Selbstfindungsprozeß der Neuzeit bisher kaum thematisiert worden ist.

3. Die moderne Vorstellung vom Individuum, vom »bürgerlichen« autonomen Subjekt, wird den Bedingungen des frühneuzeitlichen Europa nicht gerecht – unabhängig davon, daß es dieses Subjekt wohl kaum je gegeben hat. Es bleibt problematisch, unsere Vorstellung in die Vergangenheit zu projizieren, das Individuum außerhalb seines gesellschaftlichen Beziehungssystems zu thematisieren und Selbstzeugnisse isoliert zu betrachten.

4. So wenig, wie es einen unmittelbaren Zusammenhang gab zwischen der Entstehung moderner Individualität und dem Zerfall einer traditionellen Lebensordnung, so selten war eine Parallelität von individuellem Handeln und hoher Selbstreflexion gegeben. Es ist das Besondere der frühneuzeitlichen Entwicklung, daß diejenigen, die immer wieder über sich selbst nachdachten, intellektuell eigene Wege gingen und sich nicht von der Gesellschaft vereinnahmen ließen, sich dennoch nicht von der traditionellen Lebenswelt lösen wollten und konnten. Viele »Individualisten« der frühen Neuzeit konnten ihr Leben sogar nur in einer Welt von Konventionen und im Schutz der Tradition bewältigen.

5. Schließlich handelt es sich bei der »Entdeckung des Individuums« nicht um einen rein intellektuell-geistigen Akt; gerade an seinem Beginn war der Individualisierungsprozeß eingebunden in soziale Entwicklungen, politische Konstellationen und ökonomische Expansionen. Die Entdeckung des Selbst entfaltete eine soziale Dynamik, die bislang verkannt wurde; es ging nicht um die Durchsetzung einer einzelnen neuen Idee, sondern um die einer neuen Einstellung, die alle Bereiche des Alltagslebens berührte und sich auch auf die Lebenspraxis auswirkte.

Um dieser Problemstellung gerecht zu werden, müssen wir drei komplexe Charakteristika des Lebens in der frühen Neuzeit berücksichtigen und aufeinander beziehen:

Zunächst gilt es allgemein, die soziokulturelle Stellung des Individuums in der frühneuzeitlichen Ständegesellschaft als in mehr oder weniger feste Strukturen eingebettet zu betrachten. Die Stellung des einzelnen wurde im wesentlichen geprägt von klar strukturierten Haushaltspositionen, von geschlossenen Religionsgemeinschaften und traditionellen Lebensformen, die das soziale Leben des einfachen Volkes ebenso wie der gesellschaftlichen Elite zu sichern suchten. Das Leben vollzog sich für die meisten weitgehend nach vorgegebenen Normen, die niemand verletzen durfte, ohne die gesellschaftlichen Zusammenhänge zu gefährden. Dennoch fehlte es keineswegs an individuellen Handlungsmöglichkeiten, doch kamen diese nur so weit zur Geltung, als das Gemeinwohl gesichert blieb. Zwar begann bereits im 16. Jahrhundert eine erste Erosion der gesellschaftlichen Strukturen, doch erst seit dem späten 18. Jahrhundert wurde die traditionelle Ordnung unwiderruflich erschüttert und der Weg frei für neue Formationen.

Zum anderen gilt es, in diesem sozial-kulturellen Umfeld das seit dem späten 16. Jahrhundert vermehrte Auftreten von Selbstzeugnissen, von Autobiographien, Tagebüchern und privaten Briefwechseln zu untersuchen und als Prozeß der Selbstversicherung eines entstehenden »Bürgertums« zu interpretieren, der freilich mit der sprunghaften Zunahme der Literalisierung der Gesellschaft zu tun hatte. Das Nachdenken über sich selbst, die eigene Ortsbestimmung, die wir nicht nur bei Männern oder in der Ober- und Mittelschicht beobachten, die Tatsache, daß die Kirchen und Obrigkeiten auf einem klaren und bewußten Selbstbekenntnis bestanden und dazu aufforderten, Rechenschaft abzulegen – diese Umstände zeugen nicht nur von einer Ausweitung der Privaträume, sondern gelten zugleich als Ausdruck beginnender Individualisierung, die im späten 18. Jahrhundert einen ersten Höhepunkt erlebte. Das beredte Nachdenken über sich selbst wird zum Signum der entstehenden bürgerlichen Gesellschaft. Der Prozeß der Selbsterkenntnis und Selbstvergewisserung weitet sich aus zu einem allgemeinen Prozeß der Absicherung von Glaubensfreiheit und Menschenrechten.

Schließlich gilt es, die eigentliche Entstehung des modernen Individuums zu erklären, eines Individuums, das auf sich bezogen eigene Wege im Denken wie im Handeln gehen wollte, soweit es die Gesellschaft erlaubte, und das den Prozeß der Individualisierung des gesellschaftlichen Lebens auslöste. Wir begegnen den ersten Spuren in der Lebenswelt des städtischen Bürgertums im 16. Jahrhundert, aber auch in anderen sozialen Schichten begann man, über die eigene Befindlichkeit und Stellung nachzudenken und neue Handlungsmöglichkeiten zu entwerfen, die über den traditionellen gesellschaftlichen Rahmen hinausgingen. Die vor allem im 17. Jahrhundert verstärkte Integration des einzelnen Individuums in kirchliche Verbände und staatliche Institutionen hinderte diesen Prozeß nicht, im Gegenteil, die »Disziplinierung« konditionierte die Entwicklung individuellen Handelns und Denkens, das schließlich zum Gebot der aufklärerischen Gesellschaft wurde.

Der vorliegende Essay hat zwar das Ganze unserer Fragestellung im Auge, muß sich aber in der konkreten Ausführung auf einige zentrale Problemstränge beschränken. Dies ergibt sich vor allem aus der allgemeinen Forschungslage. Es gibt zwar kaum SoziologInnen, PhilosophInnen und HistorikerInnen, die nicht auf die Bedeutung der Entdeckung des modernen Individuums eingehen und sich mehr oder weniger überzeugend über die Entstehung der modernen Individualität und den Prozeß der Individualisierung äußern, aber eine geschlossene Darstellung oder größere Untersuchung fehlt sowohl in Deutschland wie in England und Frankreich. Am besten untersucht sind die zahlreichen Autobiographien, die allgemein als Zeugnisse subjektiver Befindlichkeiten und subjektiven Bewußtseins gelten. Ein zweites generelles Problem der Darstellung schließt sich an. Obwohl die Entdeckung des »modernen« Individuums im Kontext des Prozesses der Selbstfindung und Selbsterkenntnis ein gesamteuropäisches Phänomen darstellte, zumindest für ganz Europa von Bedeutung wurde, können die verschiedenen nationalen und regionalen Entwicklungen nicht gleicherweise Berücksichtigung finden. Im Vordergrund stehen die Befindlichkeiten, Bewegungen und Prozesse vor allem in Deutschland, England und Frankreich. Schließlich bleibt noch ein Verweis auf die Problematik der begrifflichen Präzision. Denn eine allgemein verbindliche Definition des »Individuums« gibt es in der frühen Neuzeit nicht, und es bleibt, wie gesagt, fragwürdig, von modernen Begriffen des Individuums und der Individualität auszugehen.[4] Verabschieden müssen wir uns jedenfalls von der Vorstellung, das »moderne« Individuum entstünde erst mit der bürgerlichen Gesellschaft. »Individualistisches« Verhalten gab es in der frühen Neuzeit ebenso wie umgekehrt traditionalistisches Verhalten noch die bürgerliche Gesellschaft im 19. Jahrhundert prägte. Die Übergänge sind nicht einfach zu erkennen. Was Individuum heißt, bestimmt sich aus dem Lebens- und Handlungskontext eines einzelnen Menschen im Wandel der Zeit. Weil zudem die Entwicklung der modernen Individualität im Zusammenhang zunehmender Privatisierung, Säkularisierung und Zivilisierung sich entfaltet hat, sind diese Prozesse schwer voneinander zu trennen. Im Vordergrund der Untersuchung stehen die Ich-Entdeckung, ihre Entfaltung im gesellschaftlichen Prozeß und die Entwicklung individueller Denk- und Handlungsräume. Eine starke Konzentration auf die intellektuelle Elite ergibt sich aus der Quellenlage, allein sie hat uns unmittelbare Zeugnisse von sich hinterlassen.

Saarbrücken, Sommer 1996

Die Entdeckung des Individuums im 16. Jahrhundert

Lange hatte man mit Jakob Burckhardt – für das 19. Jahrhundert durchaus überzeugend – die Entdeckung des Individuums als Produkt der italienischen Renaissance gesehen. Doch bereits vor dem 1. Weltkrieg hatte Ernst Troeltsch diese These zurückgewiesen. Er schrieb 1913: »Der Geist der Renaissance ist [...] mit dem Ausdruck ›Entdeckung des modernen Individualismus‹ für den Gesamtumfang der Bewegung nicht richtig und für den hierbei gemeinten Höhepunkt, die Hochrenaissance, nicht erschöpfend. Denn einerseits ist dieser Individualismus bereits von der Spätantike und dem Christentum her dem europäischen Leben eingeflößt und ist er gerade in den Vorstufen der Renaissance, den mystisch-reformatorischen Bewegungen und Umwälzungen des Spätmittelalters, in einer Mischung augustinischer, neuplatonischer, sektenhafter und politisch-sozialer Motive bereits außerordentlich stark ausgeprägt. Andererseits hat der spezifisch moderne Individualismus mit seiner rationalistischen und ethischen Autonomie, seinem Naturrecht und Konkurrenzprinzip ganz andere Voraussetzungen und Ziele der Schaffung eines geschlossenen rationellen und organisierten Kulturganzen.«[5] In der Tat wird heute der Übergang vom Mittelalter zur Neuzeit nicht mehr als scharfe Zäsur gesehen, ebensowenig wie überhaupt die Geburt der Moderne in die Renaissance zurückdatiert. Zum anderen gab es im Mittelalter bereits zahlreiche Zeugnisse der Selbstreflexion.[6] Augustinus' »Confessiones« hatten starke Spuren hinterlassen. Schließlich war der Personenkult der Renaissance durchaus kein Ausdruck moderner Individualität.

Mit der Relativierung der These Burckhardts wird die Beobachtung allerdings nicht hinfällig, daß die »Entdeckung« des Individuums und des individuellen Lebens ein großes Thema des 16. Jahrhunderts, des Zeitalters der Renaissance und der Reformation war. Aus keiner frühen Zeit sind derart viele Selbstzeugnisse und Autobiographien bekannt wie aus dem 16. Jahrhundert. Zugleich ist eine Vielzahl von Personen zu benennen, die ein mehr oder weniger individuell greifbares und beschreibbares Leben führten. Sicher hat alles mit der Zunahme von Schriftlichkeit zu tun, aber Schriftlichkeit wird zum Zeichen individueller Aussagekraft. Die Einmaligkeit des Selbst wird erstmals von Theologen und Philosophen anerkannt und subjektiv beschrieben. Die meisten Menschen verstanden sich zwar noch lange vorrangig als Christen oder als Mitglieder einer Familie oder eines Standes, doch mehrten sich die Bemühungen, ein selbstbestimmtes Leben zu führen. Selbstzeugnisse, aber auch Registrierungen kirchlicher und obrigkeitlicher Instanzen, lassen erstmals individuelles Handeln und Denken sichtbar werden.

Das Individuum im christlichen Mittelalter

»Nichtchristliche« und »christliche« Traditionen lassen sich im Mittelalter nur schwer voneinander trennen, und das Christentum hat sich vom Frühmittelalter bis zum Spätmittelalter zu sehr geändert, als daß man von einem einheitlichen Christentum reden könnte; dennoch bildet »das« Christentum einen allgemeinen Rahmen der mittelalterlichen Gesellschaft. Es war eine starke Kraft, die die Einmaligkeit und Individualität des Menschen in den Vordergrund stellte und zugleich bestrebt war, die einzelnen Christen in Gemeinden zusammenzufassen und die kirchliche Hierarchie zu festigen. Das Christentum hat von Anfang an den Einzelnen angesprochen – Hörige und Unterdrückte ebenso wie Herrschende und Adlige, losgelöst aus den bestehenden Familienverbänden und Herrschaftsverbänden, in die sie integriert waren –, indem es das persönliche Heil thematisierte. Christus ist nach der christlichen Theologie für jeden Einzelnen gestorben. Und jeder Einzelne kann sich im Prinzip – trotz der Mittlerposition der Priester – unmittelbar an Gott wenden. Wenngleich durch die Verkirchlichung, die bereits im Spätmittelalter einen Höhepunkt erreichte, viele subjektive Elemente und Formen unterdrückt oder ausgegrenzt wurden – immerhin hatte sich im Christentum eine Herrschaftskirche mit rigider Trennung von Geistlichkeit und Laien herausgebildet –, erzwang das verkündete Christentum von jedem Gläubigen eine mehr oder weniger individuelle Entscheidung: Er sollte sich für die Kirche und ihre Heilsangebote, ihre Lehre und Riten entscheiden. Es ging nicht nur darum, die Obrigkeiten zu gewinnen, sondern die Kirche bemühte sich um jeden Einzelnen, ohne jemanden aufgrund von Geschlecht, Stand oder Herkunft auszuschließen. Die Kirche dachte und handelte universalistisch. Diese Ambivalenz, jedem Einzelnen das Heil und den Glauben vorzuschreiben, neben sich nichts zu dulden, zugleich aber die Seele des Einzelnen zu gewinnen und ihm Freiräume zuzugestehen, kennzeichnet das Christentum bis weit in die Neuzeit hinein.[7]

Welche Bedeutung dabei das Christentum für eine erste Individualisierung des Menschen besaß, läßt sich an fünf Komplexen zeigen:

1. Jeder Einzelne mußte sich in seinem Leben bewußt zumindest äußerlich als Christ erweisen, um das ewige Heil zu erlangen. Die klare Alternative von dem erstrebten Himmel als Heilsziel und der grausamen Hölle machte die Entscheidung leicht; wer wollte schon sein Heil verwirken? Aber was der Einzelne dachte und empfand, entzog sich dem Urteil und der Kontrolle der Kirche, unabhängig davon, daß sich die Kirche lange auch wenig darum kümmerte.

2. Dazu, daß die Entscheidung für die Kirche und ihre Lehre auch innerlich angenommen wurde und zu einer Umwandlung des Menschen führte, trug die Lehre von der Sündhaftigkeit des Menschen bei; Sündhaftigkeit bemaß sich nicht nur an der äußeren Befolgung der Gebote der Kirche und Gottes, sondern auch an dem Grad der inneren Annahme der christlichen Botschaft; zum anderen waren Schuld und Sühne immer an eine Einzelperson gebunden. Wenngleich Christus für alle mit seinem Tod die Schuld der kollektiven Erbsünde auf sich genommen hatte, war der Christ nicht der Pflicht enthoben, seine persönliche Schuld einzugestehen und sie zu sühnen. Die Erbsündenlehre führte zu keiner fatalisti-

schen Prädestinationslehre, die die willentliche Entscheidung für Gut und Böse ausgeschlossen hätte. Wie individuell man Gottes Urteil und Strafe erwartete, zeigt sich an der Lehre des Fegefeuers. Es bedurfte persönlicher Anstrengung, um den höllischen Strafen zu entgehen, und daß dies möglich war, wurde an der Vielzahl von Heiligen demonstriert. Überdies bot die Kirche zahlreiche Hilfsmittel zur Erlangung des Heils.

3. Jeder Mensch erhielt in der Taufe einen individuellen Namen, womit die Kirche den einzelnen Menschen als Geschöpf Gottes würdigte. Wenngleich – wie die praktische Namengebung zeigt – mit dem Namen des Einzelnen bis in die Neuzeit hinein Familieninteressen verfolgt wurden, meist um den Träger als Mitglied der Familie auszuweisen, deren Tradition er weitergeben sollte, war er doch durch den christlichen Namen zugleich Mitglied einer universalen Kirche. Getauft wurden alle, unabhängig von Geschlecht und Stand, also auch Frauen und Hörige.

4. Der individuellen Position und potentiellen Ausgliederung aus den Familienverbänden diente die Durchsetzung einer kirchlichen Eheschließung, wenngleich sich die Trauung als verpflichtender Ritus erst spät durchsetzte; vor allem stärkte das kanonische Recht die Rechte der Frauen. Die Gültigkeit der Eheschließung war nicht nur von der Zustimmung der Familie, d.h. der Väter, abhängig, sondern von der ausdrücklichen Einwilligung der Partner. Damit konnten die Väter (vor allem für die Töchter) nicht mehr allein bestimmen; die Ehe war so nicht nur Instrument zur Erweiterung des Familienbesitzes, die Frau nicht nur ein Objekt der Heiratspolitik, sondern ansatzweise entstand hier eine Gemeinschaft gleicher und individueller Partner.

5. Jeder Mann und jede Frau besaß im Christentum die Möglichkeit, die Familien- und sogar Ehebande aufzukündigen, wenn der Wunsch nach persönlicher Heiligkeit so stark wurde, daß sie sich in ein Kloster zurückziehen wollten. Sicherlich waren die mittelalterlichen Klöster weitgehend Versorgungsanstalten, zugleich aber waren sie Stätten, in denen ein selbstbestimmtes religiöses Leben auch für Frauen möglich war. Gott wohlgefällig werden die Menschen nicht allein durch äußere Anpassung an kirchliche Gebote, sondern Einkehr, Besinnung und Selbsterkenntnis werden

Maximen des Lebens spätmittelalterlicher Mönche und Nonnen. Tauler schrieb: »Wer ein Ding tief erkennen will, wendet alle seine Sinne darauf und faßt sie alle in der Seele zusammen, aus der sie entsprossen sind; so wie alle Zweige eines Baumes aus dem Stamm herausgehen, so werden alle Kräfte der Seele, die der Sinne, des Gefühls, des Entschlusses in dem höchsten zusammengefaßt, in den Seelengrund, und dies ist die Einkehr.«[8]

Jedenfalls gab das mittelalterliche Christentum durchaus Anstöße, den Menschen in seiner Individualität zu stärken, ja es kam sogar zu einem starken religiösen Individualismus, an dem Männer und Frauen partizipierten. Er führte konsequent in die Reformationszeit.

Religiöser Individualismus und Reformation

Während der Reformation radikalisierte sich der christliche Individualismus beträchtlich. Besonders deutlich artikulierte er sich in den Dissidentengruppen[9], in denen er eine größere Rolle spielte als im späteren »orthodoxen« Protestantismus.

Die Reformation brachte, in allen Varianten und in ganz Europa, eine Absage an die alte Autorität der Papstkirche. Das Heil des Einzelnen ist nicht mehr abhängig von der Mittlerschaft der Priester und der Sakramente, sondern jeder Mensch steht in einem »unmittelbaren« Verhältnis zu Gott und kann direkt der Gnade teilhaftig werden. Dies impliziert zwar nicht die Auflösung der Kirchengemeinde, aber es bedeutet, daß die Autorität der Geistlichkeit, die die Bibel und die kirchliche Tradition interpretiert, relativiert wird. Jeder steht für sich selbst vor Gott, soll und kann sich die Hl. Schrift selbst aneignen und die schriftgetreue Wahrheit der kirchlichen Lehre überprüfen, auch selbst Trost finden, denn schließlich ist jeder nur Gott und seinem Gewissen verantwortlich. Zwar wird mit der Etablierung der protestantischen Kirche durch die neue Unterordnung unter ihre Orthodoxie vieles wieder zurückgenommen. Doch die Idee der Eigenverantwortlichkeit, die

Idee der Gewissensfreiheit und der Selbstkontrolle bleiben Prinzipien der religiösen Bewegung, die in ungewöhnlich kurzer Zeit weite Teile Europas erfaßt hat. Sie artikulieren sich auf unterschiedliche Weise und sind etwa im westlichen Calvinismus ausgeprägter als im mitteleuropäischen Luthertum, begünstigen aber alle, wenn auch unterschiedliche, Formen eines religiösen Individualismus.

Zugleich bedeutete die Reformation für ihre vielen Anhänger einen ihre eigene Lebenswelt betreffenden Bruch mit der Tradition. Zwar wurden später viele durch die Entscheidung ihrer Obrigkeiten ungefragt zu Protestanten gemacht, doch für die ersten Bekenner implizierte in den Anfangsjahren der Reformation die neue Lehre eine bewußte und willentliche Abkehr von der alten Kirche, die nicht selten mit materiellen oder kulturellen Verlusten erkauft werden mußte. Vor allem betraf dies die Kleriker und Prediger, aber auch Handwerker und Humanisten, wobei die subjektiven Interessen unterschiedlich waren und die Entscheidung mal mehr, mal weniger dezidiert ausfiel. Aber alle frühen Bekenner, Geistliche wie Laien, Bauern wie Bürger und Adlige, fühlten sich von der Reformation persönlich angesprochen und bekannten sich öffentlich und eindeutig zur neuen Lehre, was selbst Eingriffe in ihr Privatleben nicht ausschloß. Denn das häusliche Leben wurde in dem Maße neu strukturiert, in dem es einer neuen Art von Verchristlichung und christlicher Kontrolle unterworfen wurde. Zwar änderte dies nichts am Verhältnis zu den öffentlichen Autoritäten, aber die Unterordnung wurde nun sowohl verinnerlicht als auch bewußt reflektiert. Die Diskussion um die sozialen Unruhen während der Reformationszeit hinterließ in allen europäischen Gesellschaften Spuren. Der religiöse Entscheidungsdruck für den einzelnen und die neue Botschaft der Eigenverantwortlichkeit stärkten die Stellung des Individuums vor allem in der Familie, wenn auch selbstverständlich im Rahmen der christlich patriarchalischen Ordnung, in der der Hausvater für das Seelenheil der Familienmitglieder verantwortlich war.

Paradigmatisch läßt sich der neue religiöse Individualismus an Martin Luther (1483–1546) selbst aufzeigen. Im Unterschied zu anderen – auch zu anderen Reformatoren – lebte Luther ungewöhnlich selbstbestimmt, ohne dabei rigoros mit der Tradition und der weltlichen Obrigkeit zu brechen, auch innerlich nicht.[10] Seine andauernde Selbstreflexion steht im Zusammenhang mit seinem Selbstverständnis als eines Werkzeuges und Sprachrohres Gottes, dessen er sich stets vergewissern mußte, und mit seinem Bewußtsein von der Sündhaftigkeit und Unvollkommenheit, auch seiner eigenen. Seine Theologie reflektierte eigene Erfahrungen, wobei die Einsicht in die Brüchigkeit des Menschen groß war. Luther brach nicht nur mit der katholischen Kirchenlehre, sondern ging bereits früh einen selbstbestimmten Weg. Er studierte nicht das, was der Vater wünschte, sondern wurde bewußt Kleriker, brach dann nach langen inneren Anfechtungen mit seinen Gelübden, heiratete sogar und gründete eine Familie, die für ihn von großer Bedeutung war. Nichts verdeutlicht die neue Verantwortlichkeit seines Handelns mehr, als sein Auftreten auf dem Reichstag in Worms. Anstatt des erwarteten Widerrufs erklärte er öffentlich vor Reich und Kaiser: »Wenn ich nicht durch das Zeugnis der Heiligen Schrift oder durch vernünftige Gründe überwunden werde [...] so halte ich mich überwunden durch die Schrift, auf die ich mich gestützt habe, so ist mein Gewissen in Gottes Wort gefangen. Darum kann und will ich nichts widerrufen, weil gegen das Gewissen zu handeln weder sicher noch lauter ist. Gott helfe mir. Amen.«[11] Luther war sich der Konsequenz seiner Worte bewußt. Gegen die alte Autorität stellte er unwiderruflich das eigene Gewissen.

Am konsequentesten war der religiöse Individualismus der Reformationszeit in den Dissidentenkreisen der Täufer und Spiritualisten ausgeprägt, nicht nur in theoretischer, sondern auch in praktischer Hinsicht.[12] Viele starben für die Glaubensüberzeugung den Märtyrertod. Sie emanzipierten sich nicht nur von der institutionalisierten Kirche, sondern von jeder klerikalen Mittlerfunktion. Sie begründeten ihre Lebensregeln entweder mit dem wörtlichen Gebot der Hl. Schrift oder mit dem Geist der Offenbarung, der unmittelbar zu ihnen sprach. »Nachdem sich der Mensch nun inwendig und im Glauben in ein neues Leben ergeben hat, bezeugt er das auch äußerlich, öffentlich vor der christlichen Kirche,

Luther vor Kaiser Karl V. auf dem Reichstag zu Worms 1521.

in deren Gemeinschaft er sich verzeichnen und einschreiben läßt nach der Ordnung und Einsetzung Christi.«[13] Was die Religion betraf, erklärten sie sich für unabhängig von jedem klerikalen Lehrmonopol; jeder Christ war ein gleichberechtigtes Mitglied seiner Gemeinde und mußte in Eigenverantwortung gottgemäß leben. Die erneuerte Taufe schloß ein bewußtes Bekenntnis zu Christus ein. Zwar kehrten später hierarchische Muster zurück, aber die freikirchlichen Elemente sicherten den religiösen Individualismus, der für das weltliche Leben weitreichende Konsequenzen hatte.

Einmal lehnten die radikalen Christen ihre Solidarität mit einer weltlichen Gemeinde ab, was zu ihrer teilweisen Vernichtung führte. Zum anderen mußten sie ihr »privates« Leben so nach christlichen Regeln gestalten, daß in vielen Fällen sogar eine Trennung vom ehelichen Partner erfolgte, wenn dieser nicht den neuen Glauben teilte. Sicherlich handelte es sich bei diesen Gruppen um eine kleine Schicht, aber diese selbstbestimmten Christen wollte die christliche Gesellschaft nicht tolerieren. Ihr religiöses Leben konnte nur eine Autorität akzeptieren, die ihr radikal christliches Leben sicherte. Die permanente Berufung auf ihr Gewissen stärkte ihr Selbstbewußtsein. »Wann mich yetzund ein oberkeit wölte zwingen, dise artickel oder ettwas anders wider myn gewissen ze glouben und zu bekennen, so sol ich fry sagen: ich muss hierjnn gott mer gehorsamen, dann dem menschen. Gott hat mir hierjnn ein andern verstand geben«, bekannte der Pfarrer Anton Engelbrecht 1533 in Straßburg.[14]

So unterschiedliche Wege die Täufer gingen, so erfolgte der Schritt ins Täufertum doch überall freiwillig und aus Überzeugung. Leider besitzen wir nur wenige Selbstzeugnisse aus ihren Kreisen, eines der interessantesten Dokumente stammt von Menno Simons. Er hatte nach der Katastrophe von Münster 1535 das verstreute und aufgeschreckte Täufertum Norddeutschlands und der Niederlande um sich gesammelt und ihm eine Gläubigkeit vermittelt, die allen Widerwärtigkeiten bis heute standhält. In seiner Bekehrungsgeschichte (Ausgang aus dem Papsttum von 1554) wehrte er sich gegen den Verdacht, Anhänger der Münsteraner Täufer zu sein. Sein Weg ins Täufertum – so verteidigte er sich –

erfolgte nicht durch äußere Anstöße, sondern durch eigene Lektüre und eigenes Nachdenken. Nach einem zweijährigen katholischen Priesteramt (1526) hatte er ernste Zweifel an der katholischen Messe bekommen, die sich nicht legten, obwohl er häufig beichtete, seufzte und betete. Er lebte weiter sehr weltlich und hatte keine »eigene Meinung«. Erst als er sich entschloß, das Neue Testament zu lesen, erkannte er den kirchlichen Betrug. Sein »Gewissen« begann ihn von seinem Kummer zu befreien. Aber er traute seinem »Verstand« noch nicht, sondern suchte Rat bei den Reformatoren Luther, Bucer und Bullinger. Als er durch das »viele Lesen und Nachdenken« vom Hl. Geist erleuchtet wurde und vom Leben der Täufer hörte, begann er, sich ihnen anzuschließen und, nach dem Fall von Münster, sie um sich zu sammeln. In diesem Bemühen hatte ihm Gott ein »neues Gemüt« gegeben und ihn »zu einem Stück selbst kennen gelehrt«[15]. Zu einem »neuen Sinn bekehrt« war er sowohl durch sein eigenes Streben wie durch Gottes Kraft.

Noch konsequenter als die Täufer vertraten die »Spiritualisten« einen religiösen Subjektivismus, der alle Kirchlichkeit abstreifte und jeden ausschließlich auf das eigene Gewissen verwies. Der Laie und Edelmann Caspar von Schwenckfeld forderte, das innerste Gewissen zu erforschen und Denken und Handeln danach auszurichten. »›Ein lauter Gewissen ist besser als alle Kunst‹, heißt summa summarum, daß man überall mehr nach Gewissen als nach menschlicher Kunst handeln und selig leben soll, und stets dies vor Augen haben: Was du willst, das tu einem andern auch, und was du verziehen haben willst, das sollst du einem andern auch verzeihen, damit die wahre Liebe und das Wissen Gottes überall die Oberhand behalten in unsern Herzen.«[16]

Völlig in Frage stellte Sebastian Franck nicht nur die alte, sondern auch die reformierten Kirchen. Er propagierte eine unsichtbare geistliche Kirche, die alle »in Einigkeit des Geistes und Glaubens versammelt, unter allen Völkern, und allein durch das ewig unsichtbar Wort von Gott, ohne ein äußerlich Mittel regiert«[17]. Konsequenterweise gab er sein kirchliches Amt auf und lebte als freier Schriftsteller, zeitweise mittels einer Seifensiederei und Druckerei. Er definierte sich als einen Unparteiischen, Ungefangenen, der in keines Menschen Wort geschworen ist »denn (in) Christi, meines Gottes und Mittlers, in des Gehorsam ich meine Vernunft allein gefangen nehme«[18]. Man müsse ihn »wohl tragen in meinen Irrtumen als ich einen jeden, sonderlich wenn er mich neben sich frei glauben läßt und bleiben läßt und mich nit gefangen nimmt«[19]. Wie wenig die Gesellschaft seine Forderung nach Glaubensfreiheit akzeptieren konnte und wollte, hat Franck allzuoft konkret erfahren und erleiden müssen.

Zweifellos waren die radikalen Christen der Reformationszeit ausgeprägte Persönlichkeiten, die nicht mehr nach traditionellen Vorgaben lebten und dachten, sondern nach ihrer Überzeugung und Einsicht handelten. Selbsterkenntnis, Selbstkontrolle und Selbstanalyse waren Bestandteil ihrer Religiosität. Ihre Lebensweise war allerdings ausschließlich von jenseitigen Vorstellungen geleitet. Nicht aus sich bezogen sie ihre Identität, sondern aus ihrer Nähe zu Gott.

Die Ich-Entdeckung in der Renaissance

Im Unterschied zur Konzentration auf den Einzelmenschen in der Reformation, die radikal religiös – auf Gott orientiert – blieb, war das Interesse in der Renaissance am Menschen wie an der eigenen Person deutlich profan, wenngleich die Renaissance eine religiöse Dimension aufwies, wie umgekehrt die Reformation sich weltlichen Interessen nicht verschloß. Das profane Bekenntnis zeigt sich in den verschiedensten Bereichen, im Interesse an der Biographie, in der wissenschaftlichen Beschäftigung mit dem Menschen, seinem Körper und seinem Charakter sowie nicht zuletzt in der Kunst, wo das Porträt in den Vordergrund tritt. In allen diesen Interessenbereichen wird zudem die akademisch-gelehrte Reflexion zusehends zurückgedrängt durch eigene Beobachtungen und Erfahrungen.[20] Am deutlichsten wird dieser »selbstbezogene« Charakter der Renaissance aber in den vielen literarischen Selbstporträts und Selbstreflexionen. Die Zahl von Selbstzeugnissen ist im

16. Jahrhundert auffallend: Teils handelt es sich um ausführliche Autobiographien, teils um »private« Briefwechsel.

Auf jeden Fall steigt das Interesse, sich mit sich selbst zu beschäftigen und anderen mitzuteilen. Der Selbstbezug wird zu einem ausdrücklichen Charakterzug vor allem der aufsteigenden Humanisten und Gelehrten, die sich aus der kirchlichen Bevormundung zu lösen suchen. Dies hat zwar unter anderem mit der allgemeinen Zunahme der Schreibkunst seit Beginn des 16. Jahrhunderts zu tun, aber geleitet wird das Selbstinteresse vom steigenden Bedürfnis, eigene Wege zu gehen und Eigenverantwortlichkeit zu übernehmen. Die Selbstreflexionen sind keineswegs zufällige oder gelegentliche Ausführungen über sich selbst, sondern begleiten Einzelne das ganze Leben, werden zur Ausdrucksform der ganzen Persönlichkeit. Der zeitliche Aufwand hierfür ist z. T. beträchtlich.

Erasmus von Rotterdam (1466–1536), der große Humanist und Gegenspieler Luthers, berichtet als einer der ersten ausführlich über sich selbst, über seine Interessen, über sein Leben, seine konkreten Freuden und Leiden. Auf seine Krankheiten und körperlichen Befindlichkeiten geht er ebenso ausführlich ein wie auf Probleme der Kirche und der Reformation. Seine Selbstreflexionen teilte er allerdings nur seinen humanistischen Freunden mit, eine eigentliche Autobiographie hat er nicht verfaßt. 1499 übermittelt er in einem Brief an den Engländer John Colet ein erstes Selbstporträt: »Ich will Dir selbst ein Bild von mir entwerfen, um so besser, als ich mich ja selbst viel genauer kenne, als andere es tun. Du bekommst einen Menschen mit geringem, ja gar keinem Vermögen, frei von Ehrgeiz, sehr bereit zur Liebe, in der Wissenschaft noch schwach, aber ihr glühendster Bewunderer, der bei anderen die Bewährtheit fromm verehrt, aber noch keine eigene besitzt, der an Gelehrsamkeit allen nachsteht, an Treue niemand, einen schlichten, offenen, freimütigen Kerl, der von Heucheln und Verleugnen nichts weiß, kleinen, aber reinen Geistes, der nicht viel redet; kurz, einen Menschen, von dem Du außer der Gesinnung nichts erwarten magst.«[21] Bei aller üblichen humanistischen Stilisierung werden erste subjektive Einblicke in seine Interessenwelt offenkundig. Erasmus, ein uneheliches Kind, der zwar der Kirche den ersten sozialen Aufstieg verdankte, dann aber ohne jede amtliche Verpflichtung als quasi freier Schriftsteller einem christlichen Humanismus diente, blieb zeit seines Lebens intellektuell unabhängig und fühlte sich, obwohl er katholisch blieb, keiner irdischen Autorität verpflichtet, sondern nur der »christlichen Vernunft«. Trotz seines Selbstbewußtseins war er sich der Relativität seiner Anschauungen und Deutungen bewußt und lehnte jede Parteilichkeit ab. Seine weltlichen Ideen verbarg er nicht hinter einer ideologischen Botschaft. »Ich wünsche Weltbürger zu sein, allen zu gehören, oder besser noch Nichtbürger bei allen zu sein. Möchte ich doch das Glück haben, in die Bürgerliste der himmlischen Stadt eingetragen zu werden«, schrieb er 1522 an Zwingli.[22]

Wir kennen zwar seit Anfang des Jahrhunderts eine zunehmende Dichte autobiographischer Zeugnisse unterschiedlichster Art – die umfänglichste stammt von Hermann von Weinsberg –, doch die geschlossensten, reflektiertesten sowie literarisch überzeugendsten Selbstanalysen stammen aus dem letzten Drittel des 16. Jahrhunderts. Hervorzuheben sind drei Selbstbeschreibungen, die auf je eigene Weise das Ich bewußt in Szene setzten und eine Selbstanalyse hinterließen, die heute noch von besonderem Wert ist. Es handelt sich um die Selbstbeschreibungen eines italienischen Gelehrten, eines französischen Beamten und einer spanischen Nonne; sie repräsentieren zugleich die Breite der Selbstdarstellung in der frühen Neuzeit.

Der italienische Naturforscher und Arzt Girolamo Cardano (1501–1576) war eine höchst komplexe Figur, selbstbewußt, mit starkem Realitätssinn und großer Leidenschaftlichkeit.[23] Im Jahr seines Todes beschrieb er sein Leben und gab darin präzise Einblicke in seinen Charakter, sein Denken und Leiden. Er kannte gleicherweise Verleumdung und Anerkennung, bittere Armut und mäßigen Wohlstand. Am stärksten traf ihn die Hinrichtung seines Sohnes, wohingegen er die Vorladung und Verurteilung durch die Inquisition gelassen hinnahm. In seiner Autobiographie analysiert er sein Leben wissenschaftlich-rational: »Das Buch ist geschrieben ohne jede Schminke und will niemanden belehren; es begnügt sich mit der Erzählung bloßer Tatsachen und schildert ein Menschenleben.«[24] Dementsprechend verbirgt er nichts, weder seine Ruhmsucht noch seine Eitelkeit, weder seine zeitweilige Impotenz noch seine negativen Eigenschaften: »Ich bin heftig von Temperament, naiv, der Sinnlichkeit ergeben. Und aus diesen Eigenschaften[...] folgen die weiteren: Grausamkeit, hartnäckige Streitsucht, eine gewisse Rauheit des Charakters, Unvorsichtigkeit, Jähzorn und eine Rachgier, die das Maß meiner Kräfte und Mittel übersteigt.«[25]

Für wen er seine Vita geschrieben hat, wissen wir nicht; ein Adressat ist nicht erkennbar; auf keinen Fall handelt es sich um eine Rechtfertigung oder um eine Gedenkschrift für die Familie, wie sie in der Welt der Renaissance nicht untypisch waren. Cardano beschreibt sein Leben weder streng chronologisch, noch behandelt er seine einzelnen Probleme systematisch. Immer aber geht es um sein Ich, das er mit aller Strenge zu deuten versucht; sein Pessimismus forscht vor allem nach den Ursachen seines Unglücks. Dabei geht er auf die Herkunft und Eltern ein, schildert sich selbst nach Aussehen, Lebensweise, Charakter, Schwächen und intellektuellem Interesse; er schreibt über seine Verleumdung, seine Liebhabereien, seine Reisen, aber interessanterweise auch über seine Träume, seine Lebensregeln und -ziele. Nicht zuletzt interessieren ihn die Veränderungen in seinem Leben und im Verkehr mit anderen. Aus seiner strengen Selbstanalyse spricht eine ausgeprägte Persönlichkeit.

»So habe ich mir denn meinen Lebensweg selbst zurechtgelegt, nicht gerade so freilich, wie ich ihn mir hätte wünschen mögen, aber doch so gut, als es mir eben möglich war. Ich habe mir auch im einzelnen nie das gewählt, was ich mir hätte wählen sollen, sondern das, was ich für das beste hielt. Ich bin auch nie beharrlich bei einem und demselben geblieben – ist ja doch alles voll Gefahren, Mühsal und Unvollkommenheit –, sondern habe mir immer gewählt, was mir zu jeder Zeit gerade das Günstigste schien. Daher es denn auch kam, daß solche, die mich an fremdem Maße messen, mich für unbeständig, ja für wankelmütig halten. Doch wer keinen geraden, sicheren Lebensweg vor sich sieht, der muß eben manche Wege gehen und mit mancherlei Winkelzügen vorwärts zu kommen suchen. Und wie er auch im einzelnen sich ändern mochte, beharrlich war im Grunde genommen mein Zustand immer: keine Mittel und keine Muße, nicht Ehre, noch Amt, noch Macht, wohl aber jene Sehnsucht nach ewigem Ruhm.«[26]

Bei keinem anderen Vertreter dieses 16. Jahrhunderts steht das Ich so im Mittelpunkt wie bei Michel de Montaigne (1533–1592), der allerdings keine eigentliche Autobiographie hinterlassen hat, sondern umfängliche Essais, eine heute noch lesenswerte neuartige Sammlung von mehr oder weniger philosophischen (Selbst-)Reflexionen über alle relevanten Lebensfragen und -probleme, keineswegs systematisch, sondern in lockerer Reihenfolge, die sich allesamt um seine Person, seine Empfindungen und seine Erfahrungen drehen.[27] Es handelt sich um sein einziges Werk – abgesehen von einigen Reisebeschreibungen –, in das sowohl seine Lektüre als auch Beobachtungen über seine Zeit eingehen. Wie er selbst bemerkt, diente ihm das Schreiben zur Selbsterkundung, zur Selbstklärung, in deren Mittelpunkt seine eigene Person steht. »Ich habe mein Buch nicht mehr gemacht, als mein Buch mich gemacht hat, ein Buch vom Fleisch und Blut seines Verfassers, nur mit mir selbst beschäftigt, als ein Teil meines Lebens, nicht mit anderm beschäftigt und auf fremden Zweck gerichtet wie alle andern Bücher.«[28]

Im Unterschied zu Cardano weist Montaignes Leben an sich keine besonderen Höhen und Tiefen auf. Er stammte aus dem südfranzösischen Adel und lebte in dessen Tradition, wurde Jurist, heiratete und machte Karriere als Bürgermeister von Bordeaux und wurde sogar Präsident des Parlaments. Aber dieses »äußere« Leben war ihm nicht wichtig, jedenfalls berichtet er nichts über seine Verdienste, Erfolge und Niederlagen, nichts über seine Familie – weder über seine Frau noch seine Kinder – und seine konkrete Tätigkeit in Bordeaux; in seinen Essays werden zwar Einzelheiten aus seinem äußeren Leben mitgeteilt und reflektiert, aber ganz im Vordergrund steht sein »privates, intimes« Leben, das er zurückgezogen in seiner Bibliothek über Jahre analysierte.

Für seine Essays gab es keine Vorbilder, er schrieb weder aus christlichem Rechtfertigungswunsch noch für seine Familie, sondern mehr oder weniger nur für sich. Andererseits nahm er selbst die Veröffentlichung in die Hand und wandte sich im Vorwort von 1580 ausdrücklich an den Leser: »Dies hier ist ein aufrichtiges

Buch, Leser. Es warnt dich schon beim Eintritt, daß ich mir darin kein anderes Ende vorgesetzt habe als ein häusliches und privates. Ich habe darin gar keine Achtung auf deinen Nutzen noch auf meinen Ruhm genommen. Meine Kräfte sind eines solchen Vorsatzes nicht fähig. Ich habe es dem persönlichen Gebrauch meiner Angehörigen und Freunde gewidmet, auf daß sie, wenn sie mich verloren haben, [...] darin einige Züge meiner Lebensart und meiner Gemütsstimmungen wiederfinden und durch dieses Mittel die Kenntnis, die sie von mir hatten, völliger und lebendiger erhalten können. Hätte es mir gegolten, die Gunst der Welt zu suchen, so hätte ich mich besser herausgeputzt und würde mich in zurechtgelegter Haltung vorstellen. Ich will, daß man mich darin in meiner schlichten, natürlichen und gewöhnlichen Art sehe, ohne Gesuchtheit und Geziertheit: denn ich bin es, den ich darstelle. Meine Fehler wird man hier finden, so wie sie sind, und mein unbefangenes Wesen, soweit es nur die öffentliche Geschicklichkeit erlaubt hat. Und hätte ich mich unter jenen Völkern befunden, von denen man sagt, daß sie noch unter der sanften Freiheit des ersten Naturgesetzes leben, so versichere ich dir, daß ich mich darin sehr gern ganz und gar abgebildet hätte, und splitternackt. So bin ich selber, Leser, der einzige Inhalt meines Buches; es ist nicht billig, daß du deine Muße auf einen so eitlen und geringfügigen Gegenstand verwendest.«[29]

Die Aufrichtigkeit seiner Selbstdarstellung ist ein Stück seiner Philosophie. Seine Zeit beobachtete er mit ungewöhnlicher Eindringlichkeit. Er selbst war und blieb »gläubiger« Katholik, ohne daß er darüber Zeugnis ablegte. Im Unterschied zu Vertretern christlicher Selbstbesinnung thematisierte er nur sein »weltliches« Ich. Dementsprechend vermitteln seine Essays nicht nur Offenbarungen seiner Lebensart und Denkweise, sondern zugleich Anweisungen für eine weltlich humane Lebensführung, die einerseits die Realität respektiert, andererseits aber gelassen der Wahrheit nachstrebt. Sie wurden als solche auch aufgefaßt und viel gelesen. Montaigne war kein Revolutionär, der aus der Erfahrung seines Selbst die Welt verändern wollte, aber doch ein erster »Aufklärer«, der die kritische Vernunft in den Dienst der Lebenspraxis stellte. Nur reflektierte er nicht aus seiner Berufspraxis heraus, sondern als ein Privatmann. Es war seine soziale Position als Landadliger, die ihm die Möglichkeit gab, zurückgezogen in seiner Bibliothek ein reflexives Leben zu führen, ohne mit seinem öffentlichen Leben, seinem »Beruf«, zu brechen. Die Trennung von öffentlich und privat, von Berufswelt und Privatleben, ließ ihn jede Widersprüchlichkeit verdecken. Zu diesem Privatleben gehörte das Leben mit seiner Familie nicht. Sosehr seine Frau die Voraussetzung für seinen Rückzug schuf, spielte sie in seinen Betrachtungen keine Rolle. Ein selbstbestimmtes Leben zu führen, wurde für Montaigne im Unterschied zu Cardano niemals zum Problem.

In den Zusammenhang expliziter Selbstbeobachtung zu Ende des 16. Jahrhunderts gehört auch die Lebensbeschreibung der katholischen Nonne Teresa von Avila (1515–1582).[30] Zwar artikulieren sich in ihrer Vita keine profanen Interessen, im Gegenteil, ihre Selbstbeobachtung ist Teil einer mystischen Gotteserkenntnis; veröffentlicht hat sie sie auf ausdrücklichen Wunsch ihrer Beichtväter zur Nachahmung für andere. Doch in ihrer Beobachtungsfähigkeit und Schärfe der Selbstanalyse steht sie den Anstrengungen Cardanos und Montaignes nicht nach. Von sich zu schreiben ist ein ausdrücklicher Wunsch: »Komme ich mit irgendeiner Person zusammen, die etwas von mir weiß, so möchte ich ihr auch gerne meinen ganzen Lebenslauf mitteilen, denn ich sehe es als eine Ehre für mich an, daß unser Herr gepriesen wird; alles andere ist mir gleichgültig. Seine Majestät weiß dies wohl, oder ich bin blind; weder Ehre noch Leben, weder Ruhm noch irgendein Gut des Leibes oder der Seele vermag mich für sich einzunehmen oder der Gegenstand meiner Wünsche zu sein. Ich würde nicht einmal meinen geistlichen Fortschritt suchen, nur seine Ehre.«[31] Auch sie strebte in ihrer Vita nach größter Wahrhaftigkeit; obwohl sie nur wenig Zeit hatte zu schreiben, hoffte sie, das, »was in mir vorgegangen ist, mit aller mir möglichen Aufrichtigkeit und Wahrheit dargelegt« zu haben.[32] Zweifellos beschreibt sie äußerlich ihre Bekehrungsgeschichte, das Vorbild der Confessiones von Augustinus wirkt nach, aber ihre Autobiographie geht weit darüber hinaus: Sie vermittelt ein psychologisches Selbstporträt. Teresa von Avila geht auf ihre Herkunft ein, beschreibt ihren Eintritt ins Karmeliterinnenkloster, ihre vielfältigen und anstrengenden Reformtätigkeiten, vor allem aber berichtet sie von ihrem Bestreben, sündenfrei zu sein, Freundschaft mit Gott zu schließen und erzählt plastisch ihre vielen Visionen und Träume. Dogmatisches Denken ist ihr fremd. »Alles, was ich gesagt habe, ist meines Erachtens das, was gewöhnlich in mir vorgeht, und ich füge hinzu, daß mein Geist dabei beständig mit Gott beschäftigt ist.«[33] Ihre Vita reflektiert kaum die äußere Welt, ebensowenig die Geschichte der Kirche, im Mittelpunkt steht ausschließlich ihr Werk, die Begegnung mit Gott. »Jenes (Buch), das ich zuvor geschrieben habe«, heißt es nach den Abschluß des 10. Kapitels, »war mein eigenes Leben; dieses aber, das ich von der Zeit an gelebt, in der ich die erklärten Gebetszustände erfahren habe, ist das Leben Gottes in mir.«[34] Wie eindrucksvoll und ohne jeden unmittelbaren theologischen Bezug sie schreibt, dokumentiert folgende Stelle über ein religiös-subjektives Erlebnis:

»Dem Herrn gefiel es, daß ich hier einige Male diese Vision hatte: zu meiner Linken sah ich einen Engel in körperlicher Gestalt, wie ich ihn nur dank eines Wunders sehen konnte. Wenn mir auch sehr oft Engel erschienen, so doch stets, ohne daß ich sie sehe [...] Der Herr wollte, daß ich diese Vision sehen konnte. Der Engel war nicht groß, sondern klein, er war überaus schön, er hatte ein so glühendes Gesicht, daß er, so schien es, zu den Engeln der obersten Sphären zählte, die sich alle zu verzehren scheinen. Es müssen jene sein, die man Cherubine nennt, wenn sie mir auch ihren Namen nicht sagen; wohl aber sehe ich, daß es im Himmel zwischen den einen und den anderen Engeln und zwischen wieder anderen Engeln einen so großen Unterschied gibt, daß ich ihn gar nicht in Worte zu fassen wüßte. Ich sah ihn mit einem langen goldenen Pfeil in den Händen, und mir schien, als züngelte an der Spitze des Eisens ein kleines Feuer. Dieses schien mir einige Male mein Herz zu durchstechen und bis in meine Eingeweide vorzustoßen. Beim Herausziehen hatte ich das Gefühl, als trüge es diese mit sich fort und ließe mich völlig entflammt in großer Liebe zu Gott. So groß war der Schmerz, daß er mich Jammerlaute ausstoßen ließ; so über die Maße groß war die Süße, die mir dieser starke Schmerz schenkte, daß es nicht den geringsten Grund gab, sich zu wünschen, er möge weichen oder die Seele möge sich mit weniger als mit Gott zufriedengeben. Es ist kein körperlicher

Schmerz, sondern ein geistiger, obwohl der Körper auch ein wenig (und sogar sehr) beteiligt ist. Es ist eine so sanfte Liebkosung zwischen Seele und Gott, daß ich inständig seine Güte erflehe, auf daß er jedem diesen Genuß gewähre, der glaubt, ich lüge.«[35]

Teresa von Avila war eine selbstbewußte Frau, die in der spanischen Männergesellschaft unter der Gefahr der Inquisition ihren eigenen Weg ging; selbstbestimmt wählte sie das Kloster, überwand ihre schwere Krankheit und entwickelte nach ihrem mystischen Verlöbnis eine beachtliche Autorität, nicht nur auf schriftstellerischem Gebiet, sondern vor allem bei der Gründung von Klöstern. Überzeugt davon, daß Frauen begnadeter seien als Männer, strebte sie mit aller Konsequenz, in der Nachfolge Christi ihre Selbstbestimmung und Eigenständigkeit zu finden und abzusichern. Aus der Abgehobenheit einer Freundschaft mit Gott außerhalb der Alltäglichkeit der Welt gewann sie ihre Kraft.

Sicherlich war die Schicht, die anfing, über sich nachzudenken, sich selbst zu beobachten und zu analysieren, klein, bemerkenswert ist aber, daß bereits zu Ende des 16. Jahrhunderts derart starke Selbstäußerungen vorliegen, die uns heute noch ansprechen. Zweifellos haben die Autoren für sich selbst geschrieben, um vor sich selbst Rechenschaft abzulegen, zugleich aber wollten sie, mit unterschiedlichen Intentionen, ein Publikum belehren, nicht über theologische Probleme, Naturphänomene oder Geschichte, sondern über sich selbst, über (Lebens-)Erfahrungen, die sie für mitteilenswert hielten. Sie rekrutierten sich weitgehend aus einer gebildeten Schicht, in der Schriftlichkeit selbstverständlich und die Selbstproblematisierung Ausdruck starker literarischer oder gelehrter Reflexion war.[36] Nur mittelbar hat diese »Ich-Entdeckung« mit der Reformation zu tun, denn die genannten Autoren waren Katholiken, die zwar keine Vertreter des orthodoxen Kirchenlebens waren, aber Katholiken blieben. Dies ist insofern hervorzuheben, als allgemein Protestanten im Vergleich zu den Katholiken ein erhöhtes Maß an Selbstreflexion zugeschrieben wird. Die Selbstbeschäftigung wurde nicht eben als eine christliche Tugend gepriesen, im Gegenteil, gerade die katholische Tradition sah darin eine menschliche Eitelkeit, die von Gott fortführte. Daß dieses Verbot zunehmend gebrochen wurde, ist ein Zeugnis dafür, daß das katholische »Publikum«, die Gelehrt-Gebildeten, steigendes Interesse an subjektiven Ausführungen hegte. Die starke Verbreitung vor allem der Essays von Montaigne wie auch der Vita der Teresa von Avila weist auf das Interesse für singuläre menschliche Erfahrungen hin. Bezeichnenderweise wurden beide Texte in der jeweiligen Muttersprache geschrieben und begründeten literarische Traditionen.

Daß Leute aus dem gemeinen Volk ebenfalls eigene Wege gingen und eigenständige Reflexionen hinterließen, zeigt nicht nur der bekannte Fall Thomas Platters. Überliefert sind solche Zeugnisse allerdings meist im Rahmen von Gerichtsfällen. Am bekanntesten ist der des Müllers Menocchio aus Friaul, der wegen häretischer Ansichten vor ein Inquisitionsgericht gestellt wurde und hier »freimütig« über seine kosmologischen Vorstellungen berichtete, obwohl sie der katholischen Anschauung widersprachen. Menocchio gehörte keiner Sekte an, sondern entwarf eigenständig, gespeist aus den verschiedensten Quellen, ein unorthodoxes Weltbild, das unverkennbar seine Züge trägt und für das er, als er es öffentlich verteidigte, zum Tode verurteilt wurde. Auf die Frage, wie er zu seinen Vorstellungen gekommen sei, antwortete er vor Gericht: »Ich bin niemalen nicht mit einem verkehrt, der ein Ketzer gewesen ist, sondern ich habe ein subtiles Hirn, und ich habe die hohen Ding und was ich nicht wußte, erforschen wollen; und von dem, was ich gesagt habe, glaube ich nicht, es sei wahr, sondern will der Heiligen Kirch gehorsam sein. Ich habe gemeint, Übles zu tun, aber der Heilige Geist hat mich erleuchtet, und ich erbitte die Barmherzigkeit des großen Gottes, des Herrn Jesus Christus und des Heiligen Geistes, daß er mich sterben lasse, wo ich nicht die Wahrheit sage.«[37] Er war sich dessen bewußt, daß niemand bis dahin auf seine Ideen gekommen war, »jene Meinungen, so ich gehabt habe, die habe ich aus meinem Kopf geschöpft«.[38] Leider wissen wir wenig von seiner Person und seinen Lebensumständen, im Mittelpunkt seines Berichtes vor Gericht steht die Rekonstruktion seines kosmologischen Weltbildes, in das viele alltägliche Erfahrungen eingingen. Aber das Zeugnis des Müllers Menocchio beweist, daß nicht allein die großen Humanisten über sich und ihr Leben nachsannen und eigene Wege beschritten.

Porträtkunst: Das Selbstbildnis im 16. Jahrhundert

Am anschaulichsten ist die Entdeckung des Individuums im 16. Jahrhundert in der Kunst, besonders in der verbreiteten Porträtmalerei.[39] Auch sie weist ins Mittelalter zurück, bereits das 15. Jahrhundert kennt eine große Reihe von Porträtkünstlern und erhaltenen Porträts: Botticelli, van Eyck, Memling, Piero della Francesca und Leonardo da Vinci. Aber die größte Zahl von Porträts stammt aus dem 16. Jahrhundert. Zu den bekanntesten Künstlern zählten Dürer, Holbein d. J., Cranach d. Ä. in Deutschland und L. Lotto, Raffael und Tizian in Italien. Als erste ließen sich Herrscher und Vertreter des Adels porträtieren, dann aber auch Bürger, Kaufleute und Gelehrte. Es gibt fast von jeder bekannten Persönlichkeit der Zeit ein Porträt. Obwohl alle erhaltenen Bilder nachweislich real existierende Personen »wirklichkeitstreu« porträtieren, ging es selten einzig um die Darstellung der individuellen Person. Wie die Kleidung oder beigegebene Symbole zeigen, ging es immer im wesentlichen auch um die Darstellung von Vornehmheit, von Reichtum, von Gelehrsamkeit. Der Porträtierte sollte als tugendhafter, meist schöner Mensch gezeigt werden, der in erster Linie Mitglied eines Standes oder einer Familie war. Dies schloß jedoch nicht aus, daß die Bilder dem Selbstverständnis der dargestellten Personen entsprachen. Das gleiche gilt für die Doppelporträts von Ehepaaren. Die Frauendarstellungen schließlich verweisen allesamt auf die tugendhafte Ehe- oder Hausfrau. Auf der Rückseite vieler Porträtbilder sind die Lebensdaten der Porträtierten vermerkt – ein Hinweis auf Vergänglichkeit und Tod. Auf der Vorderseite aber wollten sich die vielen porträtierten bekannten Persönlichkeiten durch ein zumeist getreues Abbild verewigen lassen. Sich zu »verewigen« war häufig auch der Grund für die Drucklegung von Werken, besonders von biographischen Zeugnissen und Briefwechseln. Trotz aller Stilisierungen wurde so, über das Bild ebenso wie über den Text, eine bestimmte Person in ihrer Individualität statt lediglich als Vertreterin eines Standes identifizierbar.

Eine besondere Erwähnung verdient das Selbstporträt der Renaissancekünstler. Künstler hatten seit dem Mittelalter nicht nur ihre Bilder als ihre Geschöpfe ausgegeben, sondern auch individuelle Stile herausgebildet; das entsprach ihrem steigenden Selbstbewußtsein als Künstler. In Italien hatte dieser Prozeß begonnen; nun kam das Selbstporträt hinzu. Zwar hatten schon seit langem Künstler sich selbst mit ins Bild eingebracht, doch daß sie ausschließlich sich selbst darstellten und mit individuellen Zügen ausstatteten, ist eine Erscheinung jüngeren Datums (ca. 1500).[40] Erste Ansätze eines individuellen Selbstporträts zeigen sich bereits bei Albrecht Dürer (1471–1528).[41] Als einer der bekanntesten Porträtisten der Zeit hat er sich selbst ausdrucksstark dargestellt. Sein frühestes Bild stammt von 1484, als er als 13jähriger in der Werkstatt des Vaters arbeitete. Das bekannteste Selbstbildnis entstand 1500 und stellt Dürer Christus ähnlich in einem Pelzrock dar. Hier stilisierte sich Dürer als Künstler und Schöpfer, aber zugleich betonte er in seinem Bildnis die Christusähnlichkeit des Menschen überhaupt. Von besonderer Bedeutung ist das letzte Selbstbildnis, das ihn als alten Mann zeigt, der durch keine »äußerliche« Hervorhebung mehr gekennzeichnet ist. Dürer war eine ausgeprägte Persönlichkeit, selbstbewußt verfolgte er seine Interessen, kannte seinen Wert. Er gehörte zu den Künstlern der Zeit, die nicht nur über das eigene Werk reflektierten, sondern sich selbst als Person thematisierten. Wir besitzen von ihm auch ein schriftliches Selbstporträt. Trotzdem bleibt Dürer eingebunden sowohl in die politische Kultur Nürnbergs als auch in das christliche Weltbild, wie es die Reformation geformt hatte, die kein »autonomes« Individuum kannten. Im Mittelpunkt seiner Malerei stand keinesfalls die Ausbildung des Individuums, sondern der »Dienst am objektiv empfundenen Weltgesetz«[42]. Das Individuum lebt nicht aus sich, es interessiert Dürer nur, insofern es das Allgemeine ausdrückt.

Weitaus stärker als Dürer hat sich Rembrandt mit sich selbst beschäftigt bzw. sich selbst gemalt; wir kennen heute ungefähr 90 Selbstporträts von ihm. Allein aus dieser Tatsache ein ausschließliches Interesse an seiner Individualität abzuleiten, bleibt problematisch. Die subjektiven Befindlichkeiten kamen auch bei Rembrandt kaum zum Ausdruck. Es ging ihm nicht um die Darstellung

Albrecht Dürer. Selbstbildnis im Pelzrock von 1500.

seines »Wesens«, sondern um Präsentationen von Haltungen und Gesten, die »gespielt« werden. Rembrandt sah sich gerne, vor allem in seinem späteren Leben, in allen möglichen Stellungen: als Bettler wie als Sultan. Dabei stand weniger der persönliche Ausdruck im Vordergrund als vielmehr eine »Enzyklopädie der Empfindungen«, sosehr Rembrandt um seine Individualität wußte.[43]

Wie die Verfasser von Autobiographien stilisierten sich auch die Künstler der Renaissance, außerhalb von Stilisierungen gab es wohl zu keiner Zeit eine realitätsgetreue Selbstreflexion, dies darf man bei einer Beschäftigung mit der Entdeckung des Individuums im 16. Jahrhundert nicht vergessen. Der Mensch ist nirgendwo unmittelbar greifbar. Trotz dieser Einschränkung stellen die Selbstzeugnisse von Dürer oder Cardano erste große Bekenntnisse individuellen Lebens dar. Selbstthematisierungen vollzogen sich immer in vorgegebenen soziokulturellen Kontexten und entwickelten sich innerhalb derselben. Absolute Maßstäbe gibt es nicht, und die bürgerliche Fiktion des autonomen Bewußtseins als Maßstab aller Formen individueller Selbstreflexion zu sehen, hieße die Historizität des modernen Individuums verkennen.

Bekenntnis und Kontrolle

Der Prozeß der Selbstbeobachtung und Selbsterkenntnis ist in der europäischen Geschichte aufs engste verbunden mit dem Prozeß der sozialen Kontrolle und der Sozialdisziplinierung, so widersprüchlich dies zunächst erscheinen mag. Denn in dem Maße, wie in der frühen Neuzeit die zunehmende soziale Kontrolle der Menschen, der Gruppen und Gesellschaften zur Unterwerfung der einzelnen Menschen unter allgemeinverbindliche Normen und Lehren sowie zur Integration in einen allgemeinen Untertanenverband führte, schuf der alle sozialen Bereiche erfassende Disziplinierungsprozeß zugleich günstige Voraussetzungen zur forcierten Entwicklung von Selbstfindung und Individualität. Nicht zuletzt durch die Einführung neuer Kontrollinstitutionen, die sich nun auch mit der Seele des Menschen befaßten, wurde der Prozeß der Entdeckung des modernen Individuums gefördert. Gemeint sind mit diesen Institutionen nicht primär die Haushalte, der Dorfverband oder die Herrschaft, in die ein jeder hineinwuchs, sondern die »modernen« Institutionen der Kirche, des Staates und der Schule, die in der frühen Neuzeit – mehr als im Mittelalter – eine neue Normativität schufen und dabei den Prozeß der Selbstfindung und Selbstkontrolle aktivierten. Die verstärkte Durchsetzung des Lehr- und Heilsmonopols der Kirchen und die zunehmende Unterwerfung der Christen unter eine festgelegte Lehre und Moral erforderten erstmals ein bewußtes Bekenntnis jedes einzelnen Christen, die Erforschung des eigenen Gewissens und die Verantwortung für das eigene Tun. Als Gebot galt dies sowohl für die Katholiken wie die Protestanten, so unterschiedliche Instrumente ihre Kirchen dafür ausbildeten. Ebenso wollte der Staat den ganzen Menschen, seinen Körper wie seine Seele, seinem Willen unterwerfen und ließ ihn allenthalben seine Macht spüren; zugleich aber verlangte er persönlichen Einsatz und bewußte Ergebung und spürte den subjektiven Gesinnungen nach. Ohne bewußte Einwilligung des Christen und des Untertanen konnten Kirche und Staat ihrer Aufgabe nicht gerecht werden. Nicht zuletzt sollte auch die Schule den einzelnen Menschen zum gehorsamen Untertanen erziehen und die mühsam erworbenen Kulturtechniken in den »Dienst der Öffentlichkeit« stellen; zugleich aber legte gerade sie den Grund zu einer ersten »rationalen« Reflexion und Analyse des eigenen Selbst, ohne die die Individualisierung in der Neuzeit nicht Thema und Problem der bürgerlichen Welt geworden wäre. Kirche, Staat und Schule erzogen den Menschen zur Selbstkontrolle und Selbstanalyse. Sicherlich haben sie dieses Ziel nicht vollständig durchsetzen können, aber was wir in der frühen Neuzeit an Spuren der Selbstkontrolle, Selbsterkenntnis und subjektiven Eigenständigkeit beobachten, ist ohne diese Faktoren, diese Anstöße von außen, ohne diesen kontrollierenden Druck kaum zu denken.[44]

Sünde und Beichte

Die katholische Kirche kannte bereits im Mittelalter ein klares Sündensystem und drängte mit der Institution der Ohrenbeichte (seit dem 13. Jahrhundert) alle Gläubigen, ihre Sünden zumindest einmal im Jahr zu bekennen und sich mit Hilfe der Kirche Absolution zu verschaffen, also sich vor Gott die subjektive Schuld zu vergegenwärtigen, um dann seiner Gnade teilhaftig zu werden.[45] Doch erst im Tridentinum wurde das katholische Beichtsystem voll ausgebaut und für alle Katholiken verpflichtend, wobei allein das aus freien Stücken vor dem geweihten Priester erfolgte Bekenntnis der Sünden und die sühnende Buße dem Einzelnen die heilsnotwendige Gnade garantierten. Weil im System der Beichte die Macht der Kirche besonders sichtbar wurde, galt der Angriff der Reformation vor allem diesem Sakrament der römischen Kirche, ohne allerdings die entscheidenden Elemente der Beichte, das Schuldbekenntnis und die Buße, aufzugeben. Die protestantische Kirche schaffte lediglich die Ohrenbeichte ab.

Obwohl keine Institution so sehr den Geist der katholischen Kirche repräsentiert, bildet die Beichte ein von der Geschichtsforschung wenig untersuchtes Phänomen. Historische Untersuchungen beschränken sich entweder auf eine Wiedergabe der Lehrmeinungen über die Beichte seit deren Anfängen, oder sie legen hauptsächlich den Überwachungsdienst der katholischen Kirche offen, durch den sie die Gewissen ihrer Gläubigen kontrolliert. Aber diese pauschale Behandlung als Sakrament oder Kontrollinstrument reicht nicht aus. Heute sieht man die Beichte auch als Mittel der neuzeitlichen Gewissensbildung. Nicht nur der Protestantismus steuerte einen wichtigen Beitrag zur Individualisierung bei, sondern ebenso der Katholizismus mit seiner auf stille Andacht, Gewissenserforschung und Beichte hin orientierten Seelsorge.

Die Erforschung der Institution Beichte (wie übrigens auch des Sündenbewußtseins) stößt freilich auf einige Schwierigkeiten. Über die offizielle Beichtlehre haben wir ausreichend Informationen, ebenso wissen wir, wie die katholische Kirche die Ohrenbeichte durchsetzte und sanktionierte, schließlich kennen wir gleichfalls Anweisungen an die Beichtväter, wie sie die Christen belehren und sich den Beichtenden gegenüber verhalten sollten. Aber über die konkrete Praxis der Beichte haben wir leider ebensowenig Kunde wie über die Stellung der Gläubigen zur Beichte. Die katholischen Visitationsakten sind bisher kaum ausgewertet worden. Jedoch geben die vielen erhaltenen Beichtspiegel und Moraltheologien einige wichtige Anhaltspunkte für die Interpretation der Beichte:

1. Obwohl die Ohrenbeichte seit dem 13. Jahrhundert eingeführt war, hat es lange gedauert, bis sie jährlich praktiziert wurde. Ursprünglich sollte man zumindest einmal vor dem Osterfest beichten und nicht erst vor dem anstehenden Tod, aber offensichtlich wurde dieser Pflicht lange nicht nachgekommen. Erst im späten Mittelalter setzte sich die häufigere Beichte durch, zur regelmäßigen Praxis wurde sie wohl erst im 16. und 17. Jahrhundert; die zunehmende Zahl von Beichtstühlen ist ein Zeichen dafür. Außerdem nahmen sich die vielen neuen Orden, vor allem der Jesuitenorden, besonders der Seelsorge an. Quellen berichten von monatlicher, sogar von wöchentlicher Beichte.

Beichtstuhlentwurf von Paul Heinecken (1680 bis 1746).

Aber als Mittel der Gewissenserforschung und Gewissensleitung ernst genommen haben sie sicherlich nur die Frommen, wohingegen das gewöhnliche Kirchenvolk die Beichte mehr als ein äußerliches Ritual betrachtete und bestenfalls als Gelegenheit, sich vom Schuldgefühl zu entlasten. Um 1700 heißt es aus einem französischen Ort: »Die Leute kommen, ohne die geringste Gewissenserforschung betrieben zu haben, sie eilen zur Kirche, drängeln sich vor dem Beichtstuhl und schlagen sich fast darum, als erste gehört zu werden [...] Sie haben nichts getan, sie haben sich nichts vorzuwerfen, sie lachen, sie erzählen, wie schlecht es ihnen geht und wie arm sie sind, sie bringen Entschuldigungen vor, sie kommen mit Ausflüchten, wenn der Priester eine begangene Sünde tadelt, sie kritisieren Nachbarn und beschuldigen die ganze Welt, während sie sich selber rechtfertigen, mit einem Wort, sie tun bei der Beichte alles, nur nicht das, was sie tun sollten, nämlich aufrichtig und betrübten Herzens alle ihre Sünden zu bekennen.«[46] Trotz dieser Zustände kam es zumindest bei den vielen Frommen zu einer »Gewissensbildung«. Seit dem 16. Jahrhundert bürgerte sich zudem die Institution des »eigenen« Beichtvaters ein. Das betraf nicht nur die Fürsten und Adeligen, sondern allgemein vornehme Männer und Frauen und die Geistlichkeit. Die Institution der Beichtväter ist nicht nur als Versuch der Kirche zu verstehen, auf die zentralen Vertreter des Staates und die soziale Elite Einfluß zu nehmen und die Mächtigen im Sinne des Vatikans oder eines Ordens zu kontrollieren, sondern sie entsprach dem Wunsch der Fürsten und des Adels, ihre Politik mit den Geboten der Kirche abzustimmen und eine Politik des »guten Gewissens« zu betreiben. Die Zahl derjenigen, die ein »wirklich« christliches Leben führen wollten, war im 16. und 17. Jahrhundert beträchtlich hoch. Die Institution der Beichte schuf zudem für viele eine Möglichkeit, sich mit einer »neutralen« Person über eigene und öffentliche Probleme zu beraten. Das galt nicht nur für die Oberschicht. Oft war der Beichtvater die einzige Person, mit der ein Mensch reden durfte, ohne daß dies gegen ihn ausgenutzt werden konnte. Denn die Beichtväter waren zum Schweigen verpflichtet. Und es sind kaum Fälle bekannt, in denen Beichtväter ihr Wissen verrieten oder vor Gericht geladen wurden, um gegen jemanden auszusagen.

2. Die katholische Kirche hatte verschiedene Möglichkeiten, das Volk über die christliche Lehre zu unterrichten und das wahre christliche Leben vorzustellen. Seit je gab es die Predigt, später auch den Sonntagsunterricht, aber das intensivste Belehrungs- und Moralinstitut war die Beichte, vor allem als die Ohrenbeichte verpflichtend wurde.[47] Denn nun konnte das Wissen über die Zehn Gebote intensiviert werden, vor allem erfuhr hier der Einzelne, was schwere oder leichte Sünde bzw. überhaupt von Gott verboten war, und konnte sein Verhalten darauf abstimmen. Das setzt natürlich einen wissenden Pfarrer voraus, für den – und nicht für die Laien – die vielen Beichtspiegel geschrieben wurden. Es war ein langer und schwieriger Weg, ehe der Geistliche als Vater, Arzt, Lehrer und Richter auftreten konnte und im Beichtstuhl einem Beichtenden alle Sünden entlocken und sein Gewissen schulen konnte, um ihm dann die Absolution zu erteilen. Zunächst war es wichtig, den Laien durch die Vermittlung der Zehn Gebote eine Richtschnur über richtiges und falsches Verhalten an die Hand zu geben. Da das Wissen unterschiedlich war und die einzelnen Stände verschiedenen Codices unterworfen waren, kam es zu einem komplexen System der Beichtanleitung, das die subjektiven Befindlichkeiten der Beichtenden berücksichtigte. Bezeichnend ist beispielsweise eine Empfehlung des Moraltheologen Alfons von Liguori aus der Mitte des 18. Jahrhunderts an die Beichtväter, die Kinder zur Beichte zu führen: »Der Beichtvater lasse die Kinder nun alle Sünden hersagen, deren sie sich erinnern, und stelle dann an sie folgende Fragen mit Bezug auf die Zehn Gebote: Ob sie niemals aus Schamhaftigkeit eine Sünde verschwiegen, – ob sie gelästert, und falsch geschworen, ob sie an Sonn- und Festtagen eine heil. Messe, und zwar mit Andacht gehört, – ob sie während derselben nicht etwa gelacht und geschwätzt? ob sie an Sonn- und Festtagen knechtliche Dienste verrichtet? – ob sie ihren Eltern die schuldige Achtung und Ehre erwiesen, – ob sie nie die Hand gegen sie aufgehoben – ob sie Schmähworte gegen ihre Eltern ausgestoßen, ob sie dieselben verspottet, – ob sie Verwünschungen gegen sie ausgestoßen und zwar so, daß jene dieselben gehört, was gewiß eine schwere Sünde ist. Ob sie eine unehrbare Handlung begangen? Aber hierin verfahre der Beichtvater mit Umsicht und Klugheit; er

frage zuerst, ob sie unehrbare Reden geführt, und böse Gedanken gehabt? ob sie mit andern Knaben oder Mädchen gescherzt haben? und ob sie diese Scherze heimlich und unter gegenseitiger Berührung mit den Händen verübt haben? darauf, wenn das Kind mit Ja antwortet, so frage man es, ob es auch garstige Dinge gethan habe? Und wenn gleich das Kind Solches verneint, so ist es doch rathsam, durch fernere Fragen mehr in dasselbe zu dringen, um zu sehen, ob es das nicht etwa nur aus Schamhaftigkeit leugne.«[48] Die Beichte weckte das Sündenbewußtsein des Einzelnen und offenbarte die Macht der Kirche, den Sünder von Schuld zu befreien. Dank der Gnadenmittel der Kirche konnte sich der Einzelne von seinen Vergehen befreit fühlen.

3. Sicherlich gingen bei dem Akt der Selbsterforschung viele der gewünschten Effekte unter, da die meisten die Beichte wie die Kommunion und andere Sakramente als ein magisches Ritual betrachteten, das aus sich selbst unabhängig von der eigenen Gesinnung wirkte. Auch war nicht gewährleistet, daß der Beichtende tatsächlich alle seine Sünden bekannte; der soziale Druck, zur Beichte zu gehen, war oft so groß, daß der einzelne Katholik dieser Pflicht wenigstens äußerlich nachkommen mußte. Doch war bei den Protestanten die Gewissensbildung ebenfalls sehr formalisiert. Die katholische Beichte förderte de facto, trotz aller Ritualisierung, den Moralisierungsprozeß und damit die Gewissensbildung des Einzelnen beträchtlich. In einer Gesellschaft, in der man nicht oder kaum über sich sprach, war der Beichtvater der einzige, der moralischen Rat bis in die intimsten Probleme geben konnte. Durch die permanente Kontrolle des Beichtvaters gewinnt der Beichtende Einblick in sich selbst und erfährt Ratschläge, wie er mit verschiedenen Problemen fertig werden kann: Es war nicht nur die Furcht vor der Hölle, die dem Sünder drohte, die den Einzelnen zur Beichte und Buße trieb, sondern sein Wunsch, christlich zu leben, mit dem Leben überhaupt als Christ zurechtzukommen. Jeder konnte in der Beichte seine Probleme vortragen: eine Frau, die in permanentem Streit mit ihrem Mann lebte, ein Kind, das Schwierigkeiten mit den Eltern hatte, und ein Arzt, der nicht mehr wußte, wie er einen Menschen heilen konnte.

Dabei wurde das Verhalten der Einzelnen keinesfalls nach einem einheitlichen Maß gemessen, der Beichtvater unterschied zwischen Frommen und Gewohnheitssündern, ging auf die besonderen Belange von Jugendlichen und Alten ein, auf die Anforderungen, unter denen ein Handwerker stand, oder auf die Probleme der Klosterleute. Es gab alters- und standesspezifische Sünden. »Der Beichtvater soll sich also nicht damit begnügen, sich nur nach der Gattung und der Anzahl der Sünden der Beichtkinder zu erkundigen, nein, er muß auch die Gelegenheiten zur Sünde, worin es sich befindet, erforschen, und fragen, mit welchen Personen es gesündigt habe? an welchen Orten? und bei welcher Gelegenheit?«[49] Ohne daß die Sünden relativiert werden sollten, unterschied man doch, ob ein Sünder klare Vorstellung von seinem Unrecht besaß und die Wichtigkeit der Sache erkannt hatte. Eine Todsünde war abhängig von der subjektiven Einstellung des Einzelnen, dessen Sensibilität von Beichte zu Beichte geschärft werden sollte. War das Geständnis aber nicht vollständig, dann nutzte die vorgetäuschte Reue nichts, die erteilte Absolution war ungültig – das wußten bald alle Katholiken.

Die Beichte stärkte nicht nur das Sündenbewußtsein und die Kenntnis über Sünden, sondern auch den Prozeß der Selbstreflexion; das alltägliche Handeln mußte überdacht und der Vorsatz zur Besserung gefaßt werden. Die Möglichkeit, nach einer üblen Tat rasch zur Beichte gehen zu können, minderte natürlich das Aufkommen von Gewissensbissen. Insgesamt galt es aber auch im Katholizismus, nicht nur nach äußeren Geboten zu handeln, sondern dem Gewissen gemäß zu leben. Das schlechte Gewissen war keine Erfindung des Protestantismus.

Gewissensbildung im Protestantismus

Das Sakrament der Beichte war in der Reformation ein Stein des Anstoßes geworden, weil es »äußerlich« gehandhabt wurde und der Priester sich eine Gewalt anmaßte, die er nach der neuen Lehre nicht besaß: Sünden nachzulassen. Die katholische Beichte diente nach Ansicht der Reformatoren nicht dem Heil. Mit der Abschaffung der Beichte als Sakrament verzichtete die evangelische Kirche allerdings nicht auf jede Beichtpraxis als Mittel der Kontrolle des religiösen Lebens, denn sie traute ihren Gläubigen ebensowenig wie die katholische Kirche zu – hier hatte sich nicht viel geändert –, allein den richtigen Weg zu gehen. Im Gegenteil: Zwar hob man die Sakramentalien und rituellen Akte auf, ersetzte sie aber durch erzieherische Anforderungen und den »Zwang« zur Selbstkontrolle. Niemand konnte sich der dauerhaften Gnade Gottes sicher sein, jeder besaß nur die Möglichkeit, sich durch entschiedene Hinwendung zum christlichen Leben für sie offenzuhalten, und dafür gab ihm die Kirche verschiedene Mittel zur Hand.

Ein wichtiges Mittel der religiösen Kontrolle blieb zum einen die »öffentliche« Beichte.[50] Im Unterschied zur Ohren- und Privatbeichte handelte es sich beim öffentlichen Sündengeständnis um ein vor der gesamten Gemeinde geleistetes Geständnis der allgemeinen Sündhaftigkeit und Reue. Leider sind Hinweise über die konkrete protestantische Beichtpraxis nur sporadisch vorhanden, wir müssen uns mehr oder weniger mit Informationen aus den vielen erhaltenen Kirchenordnungen begnügen. Sie betreffen allesamt allerdings die Einzelbeichte. Als Leitfaden der Beichte galten die Zehn Gebote, an deren Einhaltung das christliche Leben gemessen wurde. Der Beichtvater mußte die »Überprüfung« sicherstellen und »hochlich beschweren, wie ein greulich laster es sei, wie hart got daruber zurne, und wie greulich ers strafe und etzliche exempel aus der schrift anzeige und auch sunst, wie got dasselbe laster an andern gestraft habe, da sol er sich gewisslich vorsehen, got werde ihm auch also strafen, wo er nicht busse thut und sich bessert. Und also sol ihn der beichtvater erschrecken, das ihme bange werde und zu warhaftiger rechter reue und busse komme und sich beginne vor got zu förchten; damit auch die forcht rechtschaffen und er warhaftiglichen gedemutiget werde, sal man ihm furhalten das erschreckliche exempel Davids.«[51] Zugleich allerdings sollte der Beichtvater die Zuversicht vermitteln, daß Gott jeden, der seine Sünden bekennt und bereut, wieder in Gnaden annimmt.

Es kam im Protestantismus folglich auch auf Erkenntnis und Reue der Sünden an, nur gab es keine rituelle Absolution und Buße. Der Beichtvater trat zurück, im Mittelpunkt stand das »öffentliche« vorformulierte Sündenbekenntnis der Gemeinde: »Ich armer sünder bekenne mich Gott, meinem himlischen Vater, das ich (leider) schwerlich und mennigfaltig gesündiget habe, nicht allein mit eusserlichen, groben sünden, sonder viel mehr mit innerlicher, angeborner blindheit, unglauben, zweyflung, kleinmütigkeit, ungedult, hoffart, bösen lusten, geiz, heimlichem neid, haß und mißvergunst, auch andern sünden, das ich auf mannicherley weise mit gedanken, mit geberden, worten und werken die allerheiligste gebott Gottes ubertreten habe, wie das mein Herr und gott an mich erkennet und ich leider so volnkömlich nicht erkennen kan, also reuen sie mich und seind mir leid und beger von herzen gnade von Gott durch seinen lieben Sohn Jhesum Christum und bitte, das er mir seinen heiligen Geist zur besserung meines lebens mittheilen wölle.«[52] Die evangelische Gemeinde verstand sich als Abendmahlsgemeinschaft, zu der nur der zugelassen war, der sich öffentlich von seinen Sünden abgewandt hatte. Sicherlich hat die evangelische Beichte das Sündenbewußtsein geschärft, aber die Gefahr des reinen Lippenbekenntnisses war weit stärker als bei der individuellen Beichte. Eine Auseinandersetzung mit dem eigenen Ich fand kaum statt.

Ein zweites Mittel der angestrebten Verchristlichung bildete der Kirchenbann, der nicht selten als Instrument der neu errichteten Kirchenzucht eingesetzt wurde.[53] Leider haben wir auch hier nur bedingt Kenntnis von der Praxis. Zwar kannten lutherische Kirchengemeinden diese Institution der Gewissensüberprüfung, und zwar nicht nur in Glaubens-, sondern auch in Moralfragen –, konsequent und rigide wurde der Kirchenbann aber nur in reformierten Gemeinden angewandt. Unterschieden werden muß die Kirchenzucht von dem Sittengericht, das bekanntlich staatlich-obrigkeitliche Instanzen etablierten. Durch den Kirchenbann konnten Gemeindemitglieder bei öffentlichen Vergehen und sündhaftem Verhalten aus der Kirchengemeinde ausgeschlossen werden, entscheidender aber war, daß die Kirchenvorsteher die Sünder öffentlich zur Besserung anhalten konnten. Erst wenn alle Versu-

Evangelischer Gemeindegottesdienst 1561.

che scheiterten, erfolgte der Ausschluß. Hier tritt an die Stelle der ritualisierten Beichte ein Bekehrungsgespräch zwischen dem Pfarrer und dem Gemeindemitglied. Der Idee nach sollte ein Mensch, der durch Ehebruch, Unzucht, Totschlag, tägliche Trunkenheit, Diebstahl, Wucher oder Verachtung der christlichen Lehre und der heiligen Sakramente öffentlich gesündigt hatte und zu keiner Buße bereit war, ausgeschlossen werden können. Dieser Ausschluß erfolgte dann öffentlich in der Kirche mit folgenden Worten des Pfarrers: »Liebe freunde in Christo, ihr wisset, wie dieser N. eine raume zeit in der sünde N. gelegen und damit Gottes zorn uber sich und diese gemeine erwecket, auch gros ergernis angericht hat, und wiewol vielfeltige vermanung durch mich und andere mehr an ihn geschehen, so hat man ihn dennoch zur christlichen besserung nicht bewegen können. Damit nun durch solch unrein, unruhig schaff nicht eine ganze gemeine herde vergiftet und das böse Exempel ferner keinen schaden bringen möge, auch Gottes zorn verhütet werde, so ist von den verordneten des consistorii [...] erkant, das dieser ergerliche und unbusfertige mensch von der christlichen Kirchen abgesondert und also in den bann erkleret, das er kein sacrament gebrauchen oder dazu, ausgenommen der predigt göttlichen worts, sol gestadtet werden. Der allmechtige Gott wolle ihn seine sünde erkennen lassen und recht reu in ihm schaffen und zur besserung des lebens erwecken. Amen.«[54]

Gewiß sind die vor dem Pfarrer oder vor dem Konsistorium geführten Bekehrungsgespräche nicht repräsentativ für das normale religiöse Leben einer Gemeinde, aber bemerkenswert daran ist doch, daß sich die Kirche über die Beichte hinaus dem einzelnen widmete und ihm auf den christlichen Weg zu helfen suchte. Beim Aufdecken eines »Fehlverhaltens« und dessen »öffentlicher« Diskussion sollte zweifellos die Unterscheidung von Gut und Böse vertieft werden, zugleich aber sollte der Einzelne zur Einsicht seiner Sünde gebracht werden. Denn es geht nicht allein darum, den Menschen überhaupt vom Bösen fernzuhalten, sondern sein Gewissen so zu schulen, daß er selbst diese Unterscheidung auch ohne Strafandrohung aus Liebe zur christlichen Wahrheit zu treffen und in seinem Leben zu verwirklichen suche. Nur der gilt als ein evangelischer Christ, der nicht nur aus Angst vor dem strafenden Gott das Richtige tut und sich von Sünden freihält, sondern der aus seinem Gewissen heraus, durch das Gott zu ihm spricht, lebt, d. h. christlich denkt und handelt. Sosehr die Kirche stets mit Drohung und Schrecken den Kampf gegen das Böse antrat, so ging es ihr doch zugleich darum, den Christen zur Eigenständigkeit zu erziehen, damit er sich der richtigen Einsicht gemäß verhalte.

Die Erziehungsarbeit der Beichte und des Kirchenbanns wurde verstärkt durch den Katechismusunterricht und die sonntägliche Predigt. Dem Katechismusunterricht mußte sich jeder unterziehen. Zwar haben wir über seine Wirkung keine biographischen Zeugnisse, aber es ist anzunehmen, daß durch ihn die jungen Christen nicht nur Grundkenntnisse christlicher Lehre erhielten, sondern ihnen vor allem die Zehn Gebote als Maßstab persönlicher Entscheidung eingeprägt wurden. Dasselbe gilt von der Predigt. Sie diente nicht nur der Verkündigung der christlichen Botschaft, sondern gab konkrete Anweisungen, wie ein christliches Leben zu führen sei, sogar speziell bezogen auf die beiden Geschlechter, auf Junge wie Alte, vor allem auf die verschiedenen Stände. Aus der Moralwelt der frühen Neuzeit sind der Katechismusunterricht sowie die Predigt nicht wegzudenken. Sie unterstützten ohne Zweifel ein untertäniges Verhalten des Gehorsams, zugleich aber suchten sie mündige Christen zu erziehen, die auch ohne Androhung von Strafe christlich lebten und handelten. In dem Maße, wie die evangelischen Geistlichen ihre Normen selbst verinnerlichten, wurden sie zu Seelsorgern und Anwälten eines aktiven Christentums.

In sich zu gehen und nach dem Gewissen zu leben, war eine starke Forderung im Protestantismus.[55] Eine spezifische Individualisierung erfolgte damit aber nicht. Kollektive Eingebundenheiten überwogen, und eigenständiges Handeln gab es nur im Rahmen der Zehn Gebote. Zu einer spürbaren und nachweisbaren Selbstreflexion und Selbstkontrolle kam es nur in den protestantischen Reformbewegungen, im englischen Puritanismus ebenso wie im Pietismus, die allesamt und generell das wahre Christsein nicht mehr allein im Für-Wahr-Halten der evangelischen Lehre erkannten, sondern vor allem im christlichen Tun und Handeln, im Anspruch, sein Leben nach innen und außen christlich zu gestalten sowie die Welt nach Maßstäben christlicher Offenbarung zu verändern.[56]

Die Plattform ihrer Selbstverständigung waren nicht mehr die orthodoxen Gemeinden selbst, sondern der pietistische Konventikel und der religiöse Freundschaftsbund. Sicherlich stand die subjektiv-weltliche Befindlichkeit des einzelnen Frommen nicht im Mittelpunkt, sondern seine Bekehrung und Vergewisserung des christlichen Lebens durch dauerhafte Selbstreflexion und Selbstkontrolle; dennoch werden hier erstmals Strukturen einer modernen Individualität sichtbar.[57] Die Aufforderung zur und der Wunsch nach Selbsterkenntnis schlugen sich in einer großen Zahl von autobiographischen Notizen nieder, ebenso in der Führung von Tagebüchern, vor allem in England.[58] Besonders aufschlußreich sind die umfänglichen Aufzeichnungen von Philipp Matthäus Hahn, der Pfarrer, Schriftsteller und Erfinder war.[59] Minutiös zog er alltäglich Bilanz, wobei er über seine Stärken und Schwächen schrieb, über seine seelischen und körperlichen Befindlichkeiten, über seine Mitmenschen und seine religiösen Auseinandersetzungen. Noch reichhaltiger ist die autobiographische Überlieferung des Pietismus. Nicht nur alle bekannten Puritaner und Pietisten haben Autobiographien hinterlassen, auch von weniger bedeutenden »Wiedergeborenen« gibt es Selbstzeugnisse. In der Regel beschreiben sie ihre Bekehrungsgeschichte, wie Gott sie auf den richtigen Weg führte. Nicht selten haben die Texte einen geradezu hagiographischen Charakter. Das Besondere dieser pietistischen Autobiographien ist, daß sich hier erste Ansätze einer Beschreibung ganzer Lebenszusammenhänge finden, das eigene Leben wird nicht mehr chronologisch, sondern aus einem zentralen – eben dem religiösen – Zusammenhang heraus beschrieben. John Bunyans und Jung-Stillings Autobiographien stellen klassische Muster dar: Gott führte ihr Leben zu einem vollständigen Erfolg. Schließlich versuchten sich die pietistischen Kreise erstmals in einer psychologischen Selbstanalyse, die sich zu einer empirischen Seelenerfahrungskunde weiterentwickelte. Ein Beispiel hierfür bietet der »Anton Reiser« von Moritz.[60]

Sicherlich erfolgte die Selbstbeschäftigung aus religiösem Interesse, um Gottes Gnadenwege zu erkunden und sich von aller

»Weltlichkeit« zu reinigen. Aber in dem Maße, wie sensible Pietisten in sich gingen, entdeckten sie auch ihre Gefühlswelt und ihr Seelenleben als eigenständige Werte. Außerdem begannen sie, indem sie ihre Sündhaftigkeit, ihren Kampf mit der Sünde beschrieben, eine Skrupelhaftigkeit zu entwickeln, die für den Pietismus, aber auch für den Puritanismus bezeichnend wurde. Geplagt vom permanent schlechten Gewissen, entfalteten die Anhänger des Pietismus einerseits einen Aktivismus, andererseits einen religiösen Eifer, den es im 18. Jahrhundert sonst kaum gab. Sosehr jede Säkularisierung abgewehrt wurde, hat der Pietismus doch die Subjektivität des Einzelnen und die individuelle Handlung stark aufgewertet.

Inquisition und gerichtliches Verhör

Für die Entwicklung der Individualität und die Geschichte der Individualisierung spielten neben kirchlich-religiösen Kontrollinstanzen die Institutionen des frühmodernen Staates eine Rolle, in denen der einzelne sich als Subjekt und Individuum erfuhr bzw. erklären konnte oder mußte. Gemeint ist das frühneuzeitliche Strafsystem und Gerichtswesen mit seinem Inquisitionsverfahren, das im Auftrag eines abstrakten Rechts und einer staatlichen Obrigkeit die »Wahrheit« einer menschlichen Handlung, besser einer Untat, zu überprüfen hatte.[61] Das frühmoderne peinliche Strafgericht diente zwar primär dem Interesse des Staates, die innere Ordnung aufrechtzuerhalten und die Untertanen zu bändigen (und zu kontrollieren), zugleich aber lehrte es die Gesellschaft über die kirchliche Moral hinaus die moralische Ordnung eines Zusammenlebens in Unterordnung. Das Strafgericht zwang jeden, der von der Norm der Gesellschaft bzw. des Staates abwich, sich zu rechtfertigen, und verurteilte jeden, der sich schuldig gemacht hatte. Es ist das Spezifische der vormodernen Gesellschaft, daß der einzelne nur dann die Aufmerksamkeit der Obrigkeit auf sich lenkte, wenn er von der gesellschaftlichen Norm abwich. Ansonsten spielte der einzelne keine besondere Rolle, außer als »anonyme« Arbeitskraft und Steuerzahler. Das gerichtliche Untersuchungsverfahren zeigte gewisse Parallelen mit der Beichte, nur versuchte diese, den Gefallenen wieder zu integrieren, wohingegen die weltliche Obrigkeit den Delinquenten stigmatisierte oder gar aus der Gesellschaft ausschloß.

Das frühneuzeitliche Strafsystem ist für unsere Problemstellung unter fünf Aspekten aufschlußreich:

1. Bei aller praktizierten »Ungerechtigkeit« bildete das frühneuzeitliche Strafsystem kein willkürliches Rechtssystem, das die »Rechte« des Einzelnen nicht respektierte; keiner war einem Gericht schutzlos ausgeliefert, so unterschiedlich der Schutz ausgelegt wurde und so ungerecht das Urteil sein konnte. Wohl gab es keine Verteidiger, auch besaßen Standespersonen wie Adelige gewisse Privilegien, aber jeder Einzelne, auch wenn er in einer Gruppe (Diebesbande) gefangengenommen wurde, erhielt ein eigenes Verfahren. Jeder war als Einzelner für seine Tat verantwortlich. Kollektive Verurteilungen und Abstrafungen, womöglich ohne Verfahren, gab es nicht, nicht einmal bei Prozessen gegen Fremde (und Auswärtige). Selbst in der spanischen Inquisition, der Hexenverfolgung oder der Räuberbandenbekämpfung galten nur individuelle Verfahren. Bevor ein Todesurteil gefällt wurde, mußten »objektive« Rechtsgutachter herangezogen werden, und es mußte nicht zuletzt das Geständnis des Delinquenten vorliegen. Das galt für alle Personen vor Gericht, für Männer wie Frauen, Arme wie Reiche, Junge wie Alte. Einen Sonderstatus nahmen nur schwangere Frauen, Kinder und Geisteskranke ein. Es gab durchaus individuelle Rechte, so wenig sie öffentlich definiert waren, sie bemaßen sich allerdings an der »Ehre« der Betroffenen.

2. Das frühmoderne Gerichtswesen trug mit seiner öffentlichen Strafpraxis wesentlich dazu dabei, daß das einfache Volk in der frühen Neuzeit die »neue« Moral des gesellschaftlichen Zusammenlebens kennenlernte. Jeder konnte fast alltäglich erfahren, daß und wie böse Taten verfolgt und abgestraft wurden, und zwar nicht nur Taten, die einen unmittelbaren Schaden verursacht hatten, wie Mord und Diebstahl, sondern ebenso Gesinnungen, die der Norm der Gesellschaft widersprachen, wie Ketzerei und He-

xerei. Zwar hatte auf diesem Feld die Kirche beträchtliche Vorarbeit geleistet, aber der obrigkeitliche Staat konnte besser als die Kirche öffentlich demonstrieren, was »böse« Taten und »böse« Gesinnungen waren und wohin sie führten: an den Pranger oder an den Galgen. Da die Urteilsverkündungen öffentlich erfolgten und an der Strafart lange für alle die Tat erkennbar blieb, eine Strafe also exemplarischen Charakter besaß und letztlich jeden treffen konnte, griff die peinliche Gerichtsbarkeit der frühen Neuzeit stark in das Leben der Bevölkerung ein. Aufgrund ihres öffentlichen Charakters stärkte die exemplarische Bestrafung das Schuld- und Unrechtsgefühl in der Bevölkerung.

3. Während im Mittelalter nur derjenige vor Gericht gestellt werden konnte, gegen den ein Ankläger auftrat, der auf Wiederherstellung der Ehre oder auf Wiedergutmachung pochte, verfolgte der frühmoderne Staat jeden Straftäter, der sich der Verletzung von Gesetzen schuldig gemacht hatte, ob er dadurch einen Schaden verursacht hatte oder nicht. Dabei galt es nicht nur, den Täter zu überführen, sondern seine Verantwortlichkeit, die Tatgründe zu überprüfen. Diejenigen, die unwillentlich eine Tat begangen hatten, wurden milder bestraft als diejenigen, denen eine boshafte Absicht klar nachgewiesen werden konnte. In voller Härte traf das Gesetz nur den vorsätzlichen, böswilligen Täter. Dies führte bald dazu, sich nicht nur mit dem Tathergang zu beschäftigen, sondern vor allem mit den Motiven und Gesinnungen der Täter. Sie zu rekonstruieren, wurde ein Hauptinteresse des Gerichts. Ihr verdanken wir heute viele Geschichten kleiner Leute. Zur normalen gerichtlichen Praxis zählte diese Untersuchung zwar erst im 18. Jahrhundert, aber die Untersuchung der Psyche der Täter, des bösen Willens unter Rücksicht der Schuldzurechnungsfähigkeit spielte schon früher eine große Rolle. Dementsprechend versuchten Angeklagte, durch Hinweise auf Trunkenheit und Verführung durch den Teufel ihre Schuld zu mindern.[62] Die Suche nach dem Schuldigen und Verantwortlichen einer Untat zwang das Gericht bzw. den Richter, sich auf die Umstände und Genese der Tat und damit auf die Biographie des Täters einzulassen. Am stärksten geschah dies in Fällen der Ketzerei und der Hexerei, aber auch in Fällen von Kindsmord oder Ehebruch. Man

fragte nach der Herkunft, nach Freundschaftsbeziehungen, nach weiteren üblen Taten, nach schlechten Vorbildern und schädlichen Einflüssen. Die Gerichte hinterließen zahlreiche, mit viel Fleiß zusammengestellte Lebensbeschreibungen.

4. Aufgrund seiner Verstaatlichung war das Gerichtswesen zur objektiven Wahrheitsfindung verpflichtet. Ein Indizienbeweis reichte nicht mehr aus, auch Zeugenbeweise allein genügten nicht – die Gerichte glaubten nicht jedem; als vollgültig anerkannt wurde nur die Aussage einer gutbeleumundeten Person. Jede Verurteilung, vor allem zum Tode, setzte ein klares persönliches Schuldbekenntnis voraus, das öffentlich wiederholt werden mußte. Dieses an sich logische Vorgehen begünstigte zwar, wie wir heute wissen, die Folter; zugleich stärkte es aber die Überzeugung, daß eine Schuld nur durch ein öffentliches Bekenntnis und eine entsprechende Strafe getilgt werden könne. Wer also seine Schuld nicht gestand und die entsprechende Folter überstand – was durchaus vorkam –, konnte nicht ohne weiteres abgestraft werden. Die Öffentlichkeit setzte hier klare Grenzen. Das Bewußtsein einer Schuld war konstitutiv, ebenfalls die öffentliche Reue des Delinquenten, nachdem die Wahrheit offenkundig gemacht worden war. Für die Glaubwürdigkeit der Reue wurde der Geistliche zuständig. Der Täter sollte zum einen nicht der ewigen Pein (Hölle) überantwortet werden, was unchristlich gewesen wäre, vor allem aber sollten die Gerechtigkeit und Wahrheit des Gerichts und seines Urteils gewährleistet sein, das nur wirklich Schuldige der Abstrafung überantworten durfte. Ein Gericht konnte einen Täter nur legitim zum Tode verurteilen, wenn er sich für schuldig erklärt hatte, Reue zeigte und damit die Strafe für gerecht hielt. Nur wenn ein Gericht dies berücksichtigte, konnte es mit voller Zustimmung des Publikums bzw. der Öffentlichkeit rechnen. Anders formuliert: Als Diener Gottes und der Obrigkeit konnte ein Richter nur die Ordnung aufrechterhalten, wenn er die »Individualität« des Täters achtete, an sein Gewissen appellierte und ihn mit seiner »Einwilligung« liquidierte. Das bedurfte mancher »Überzeugungsarbeit«.

5. Ein letzter Aspekt ist noch erwähnenswert: Unter dem Zwang, die wahre Geschichte zu rekonstruieren und die Verantwortlichkeit des Täters abzutesten, mußte sich, wie gesagt, ein

Richter voll auf die Person des Täters einlassen, ihm »helfen«, seine Lebensgeschichte vollständig zu erzählen, um auf der Basis eines umfassenden Materials über das ganze Tatgeschehen und seine Ursachen ein Urteil zu fällen. Dadurch wurde der Täter angehalten, sich mit seiner Tat und seiner eigenen Lebensgeschichte zu beschäftigen und auf jede Frage Rede und Antwort zu stehen. Dies war dem Delinquenten nicht immer lästig, es gab des öfteren Personen, die sich lange Rededuelle mit dem Richter lieferten, ausführlich über sich und ihre Freunde wie Gegner berichteten sowie sich zu Taten bekannten, die gar nicht nachweisbar waren. Manche genossen die Art und Weise, wie man sich mit ihnen beschäftigte, und setzten sich dementsprechend öffentlich in Szene.

Jedenfalls enthalten die Verhöre wiedergebenden Protokolle eine große Fülle autobiographischer Zeugnisse, die bisher nur in den wenigsten Fällen ausgewertet wurden. Die bisherigen Untersuchungen über das Weltbild und die Subjektivität auch kleiner Leute in der frühen Neuzeit zeugen von dem Wert der Quellen und der Macht der Institution Gericht, die für die Entwicklung der Individualität der frühen Neuzeit von großer Bedeutung war. Denn die Gerichtsakten enthüllen nicht nur eigenwillige Lebensläufe selbst schriftunkundiger Menschen, sondern geben Einblicke in die soziale Funktion der Gerichtsverhöre, in den Prozeß der »Selbstfindung« der Delinquenten selbst.

Erziehung und Schule

Wenn man nach den frühneuzeitlichen Institutionen fragt, die für die Entdeckung und Ausbildung des Individuums von Bedeutung waren, muß über die Kirche hinaus die Funktion der Schule und schulischen Erziehung einbezogen werden. Zwar erfolgte der Schulbesuch im 16. Jahrhundert nur sporadisch, und die meisten Schüler besuchten die Schule nur kurze Zeit, aber für die oberen und mittleren sozialen Schichten gewann die Schule insgesamt seit dem 17. Jahrhundert zusehends an Bedeutung. Immerhin galten diese Schichten zu Ende des 18. Jahrhunderts als weitgehend alphabetisiert. Obwohl viele Kinder lediglich Privatunterricht erhalten hatten, kann man davon ausgehen, daß die meisten (Jungen) eine mehr oder weniger geregelte Schulausbildung genossen hatten.[63]

Im Unterschied zu heute waren die Schule und die Lehrer in der frühen Neuzeit allerdings alles andere als dem Einzelnen zugewandt; es ging nicht um die Ausbildung individueller Fertigkeiten, um Selbständigkeit und Individualität, weder nach den »Lehrplänen« noch in der Lehrpraxis. Die Idee der Erziehung zur Individualität entwickelte sich erst im späten 18. Jahrhundert.[64] Das Ziel jeder Erziehung, der privaten, schulischen und auch kirchlichen, war der gottesfürchtige und gehorsame Schüler, der zwar über die wichtigsten Techniken der Lebensbewältigung verfügen, aber niemals selbständig handeln und denken sollte. Die Schule spiegelte die Ordnung des häuslichen Lebens wider, die wesentlich durch autoritäre Strukturen geprägt war. In der Braunschweigischen Schulordnung von 1651 heißt es: »Nun diktiert die Vernunft selbst, daß zur Erhaltung solches hochnützlichen Zwecks aller Menschen zeitliche und ewige Glückseligkeit, zweierlei Hauptmittel verordnet [werden]. Erstlich, daß die Jugend fleißig, mit großer Behutsamkeit und ziemlicher Strenge erzogen, vom Bösen abgehalten und hingegen zu allem Guten gewöhnt [werde]. Zum anderen, daß denjenigen, so ihre Jahre erreicht und nunmehr vollständige cives Reipublicae geworden sind, keineswegs vergönnt werde, ihres eigenen Willens und Gefallens zu leben, sondern daß auch dieselbigen dahin durch obengenannte media gehalten werden, allen Wandel, Tun und Lassen dergestalt im ganzen Leben anzustellen, wie es die von Gott zu dem Ende verordnete Obrigkeit nach der Richtschnur göttlichen Worts und der Ehrbarkeit gebietet.«[65]

Auf schulischem Gebiet wurde gerade im 17. Jahrhundert viel getan, Lehrbücher und -pläne entstanden, die auf das Alter der Schüler bezogen waren, Klassentrennungen wurden eingeführt und das Kapital schulischer Erziehung zur Stabilisierung einer »guten Ordnung« wie Verbesserung der Gesellschaft erkannt. Aber vergessen darf man nicht, daß es bis in die Aufklärungszeit hinein bei der schulischen Ausbildung und Erziehung lediglich um das Einpauken der wichtigsten Kulturtechniken des Lesens, Schreibens und Rechnens, um das Auswendiglernen des Katechismus, also der christlichen Moral, und vor allem um rigide Disziplin, Gottesfurcht und Unterordnung ging. Die außerhäusliche Erziehung diente wie die häusliche der Integration in die gegebenen Verhältnisse und der Sicherung der Tradition. Selbst aufgeklärte Pädagogen waren davon überzeugt, daß eigene Interessen und Wünsche unterdrückt, die Eigenliebe als das eigentlich sündhafte Verhalten vollkommen getilgt werden müßten. Dies bedeutet nicht, daß sich mit der Aufklärung nichts geändert hätte. Einmal gingen die Pädagogen zusehends auf die subjektive Befindlichkeit der Kinder und Jugendlichen (nicht unbedingt des Einzelnen) ein, entwickelten dem kindlichen bzw. jugendlichen Charakter, dem jugendlichen Entwicklungsstadium gemäße Erziehungsmethoden, zum anderen weckten sie bewußt den Spaß an der Schule. Es sollte nicht mehr alles auf äußeren Druck hin geschehen, weshalb man den Lerneifer durch Belohnungssysteme stärkte und damit eine Identifizierung mit den schulischen Anforderungen erreichte. Vor allem aber investierte die aufklärerische Gesellschaft in den Unterricht mehr Kräfte, weil die Schule als die Instanz der Zivilisierung erkannt wurde, durch die eine Besserung der Gesellschaft erreichbar erschien. Die Kinder »müssen unterrichtet werden, wenn sie in den Stand gesetzt werden sollen, ihre leibliche oder äußere und geistliche oder ewige Wohlfahrt zu befördern. Eltern sind verbunden, nicht nur solange ihre Kinder selbst dazu unfähig sind, für die gesamte Wohlfahrt derselben zu sorgen, sondern auch sie zur Besorgung ihrer eigenen Wohlfahrt aufs zukünftige fähig und geschickt zu machen.«[66] Damit wird erstmals der Nutzen schulischer Erziehung und Ausbildung nicht mehr nur für die Gesellschaft, sondern für den Einzelnen klar hervorgehoben.

Zwar propagierte die spätaufklärerische Pädagogik nach wie vor die traditionelle Wertewelt, zusehends trat aber daneben die Idee, die natürlichen Kräfte der Kinder zu wecken und zu entwickeln, damit sie einmal selbständig sowohl sich weiterbilden wie auch der Gesellschaft dienen konnten. Die Erkenntnis der Erziehbarkeit des Menschen und des Guten in der Natur war die Voraussetzung dafür, daß die aufklärerische Pädagogik nicht mehr unbedingt den Eigenwillen eines Kindes zu brechen, sondern im Gegenteil seine Naturanlagen zu veredeln suchte. Zu Beginn des 19. Jahrhunderts kann man lesen: »Erziehung heißt, die Selbstentwicklung eines Individuums auf naturgemäße Weise fördern und in Übereinstimmung mit dem Begriff der Menschheit leiten, überhaupt also dasselbe mit Anerkennung seiner Anlagen und Rechte zum selbständigen Dasein bestimmen. Die Erziehung behandelt daher von Anfang an das Kind als werdende Persönlichkeit, erkennt die Individualität desselben an und leitet die ihm von der Natur verliehenen Anlagen und Kräfte, ohne etwas aus ihm machen, etwas Fremdartiges, Widerstrebendes ihm aufdrängen zu wollen.«[67]

Die Schule der frühen Neuzeit war insgesamt keine Institution zur unmittelbaren Stärkung des Individuums und zur Entwicklung der Individualität. Der ideale Schüler war der gehorsame und fleißige Schüler. Dennoch wurde der Bildungshorizont der Schüler erheblich erweitert, vor allem durch die Vermittlung allgemeiner Normen – hier unterstützte die Schule die Kirche. Schüler lernten Gut und Böse zu unterscheiden, christliches Verhalten von unchristlichem. Außerdem lernten sie elementare Kulturtechniken kennen. So gering oft die Fähigkeiten im Lesen, Schreiben und Rechnen blieben, so waren doch damit erste Anfänge gesetzt, sich Fremdes anzueignen und sich in der Welt der Schriften zurechtzufinden, ja sich schriftlich zu äußern. Schließlich wurde die Schulzeit zu einer wichtigen Phase im Leben des Einzelnen, in der Kinder außerhäusliche Erfahrungen machten und in Auseinandersetzung mit den Lehrern sich eigene Positionen erarbeiten konnten. Die Disziplinierung der Schüler schloß ihre Individualisierung nicht aus, sie bedingte sie sogar.

Disziplinierung und Individualisierung

Mit der Verdichtung des staatlichen Herrschaftssystems und des orthodoxen Kirchenwesens nach der Reformation erfolgte bei aller Ungleichmäßigkeit eine Disziplinierung der Gesellschaft, eine Sozialdisziplinierung, die die Stellung der Einzelnen in der Gesellschaft grundlegend änderte, nicht nur objektiv, sondern auch subjektiv.[68] Die Zeit einer »feudalen« Freizügigkeit von Bauern, Bürgern und Adligen ging zu Ende. Im Namen allgemeiner – oft christlicher – normativer Prinzipien etablierte sich – zumindest dem Anspruch nach – eine frühmoderne rationale Ordnung, die jeden Einzelnen tangierte und jedem seinen festen Platz in der Gesellschaft zuwies.

Dabei wurde zum einen in dieser neuen Ordnung die soziale und religiöse Position des Einzelnen eng umschrieben. Jede abweichende Aktion wurde als Eigenwilligkeit und Eigensinnigkeit unterdrückt, ein soziales Kontrollsystem wurde errichtet, an dem staatliche Kräfte ebenso mitwirkten wie kirchliche. Dieses System regulierte das Leben des Einzelnen in der ständisch-staatlichen, also öffentlichen Welt und erfaßte darüber hinaus selbst das Moral- und Familienleben. Der allgemeine Nutzen wurde das oberste Prinzip sozialen Handelns.

Der Disziplinierungsbemühung lag ein negatives Menschenbild zugrunde: Der Mensch sei von Natur aus schlecht, unzivilisiert und mit Erbsünde belastet, und es gelte für Staat und Kirche, mit Zucht und Ordnung ein halbwegs gesichertes Zusammenleben zu garantieren und eine moralische Öffentlichkeit zu errichten, die Gott wohlgefällig ist. Zucht und Ordnung galten als die Mittel, das Böse einzudämmen und eine christliche Gesellschaft zu schaffen.

Sicherlich war die Disziplinierung kein unmittelbares Instrument der Individualisierung, im Gegenteil, sie unterband jede individuell geleitete Handlung und Gesinnung. Aber indem sie den Menschen zwang, sich unter dem Druck und der Leitung des Beichtvaters, des Richters und des Lehrers mit sich selbst zu beschäftigen, die eigenen Handlungen zu analysieren und für Untaten die Verantwortung auf sich zu nehmen, stärkte sie das schlechte Gewissen wie die Selbstkontrolle, das Empfinden für den Unterschied von Gut und Böse und nicht zuletzt das Bewußtsein der eigenen Individualität.

Individualität bzw. das Bewußtsein von der eigenen Person ist keine Naturanlage, sondern das Produkt einer sozialen »Erziehung«, wobei die zunächst äußerlichen Normen in einem längeren Prozeß, der nicht auf die frühe Neuzeit beschränkt blieb, alle sozialen Schichten erfaßte und nicht ohne Brüche verlief, »verinnerlicht« wurden. Was viele ursprünglich unterließen, weil es verboten war, mieden sie später mehr oder weniger aus freien Stücken. Die anerzogene Einsicht in das richtige gesellschaftliche Verhalten steuerte das eigene Leben. Der Disziplinierungsprozeß nahm keine Rücksicht auf die alte Autonomie des Menschen, schuf aber Voraussetzungen für die Idee einer neuen Autonomie (Menschenwürde), eine reflexive Autonomie, die allerdings ebenso wie die alte gesellschaftlich vermittelt blieb.

Die Wissenschaft vom Menschen

Die Entdeckung des Menschen

Die Entdeckung des Individuums in der frühen Neuzeit korrespondiert mit der Entstehung und Entwicklung einer Wissenschaft vom Menschen, die wiederum auf das Menschenbild in der frühneuzeitlichen Gesellschaft einwirkte. Dieser Formierungsprozeß einer Wissenschaft vom Menschen war höchst komplex, sie entwickelte sich aus verschiedenen Interessen intellektueller, philosophischer, wissenschaftlicher wie künstlerischer Art. Erst im 18. Jahrhundert verdichtete sie sich zu einer Anthropologie mit wissenschaftlichem Geltungsanspruch, die auch diesen Namen trug und sich bewußt in den Dienst der Erkenntnis seiner selbst stellte.[69]

Voraussetzung der frühneuzeitlichen Anthropologie, einer »unbefangenen« Erforschung des Menschen, war einmal die Abkehr von einer theologisch-scholastischen Lebensvorstellung, die den Sinn des menschlichen Lebens im ewigen Heil sah. Zum anderen spielte die Entstehung einer säkularisierten Philosophie, wie sie beispielhaft René Descartes (1596–1650) geschaffen hat, eine Rolle. Sein subjektiver Intellektualismus stärkte die Anthropologisierung des Weltbildes. Sosehr natürlich traditionelle Lehr- und Lebensvorstellungen noch lange das gesellschaftliche Leben bestimmten, ja die Gegenreformation sogar eine erneute Sakralisierung der Welt förderte, so prägte doch fortan das »cogito ergo sum« Descartes' alle säkularen Philosophien der frühen Neuzeit.[70] Ausdruck einer veränderten Einstellung zur Natur, der man sich konkret beobachtend und erforschend zuwandte, war schließlich die neue Naturforschung und Medizin. Mit der Anatomie konzentrierte sich das Interesse erstmals auf den menschlichen Körper. Aber nicht allein die moderne Philosophie und Naturforschung schufen ein neues Menschenbild, ebenso stark beteiligten sich Kunst und Literatur daran. Man wollte die Natur und den Menschen als Teil von ihr genau beobachten und beschreiben, diesen Blick jedoch außerdem genau strukturieren. Die Proportionenlehre Dürers thematisierte erstmals die veränderte Sicht des Menschen.

Die permanente Vermehrung des neuen Wissens über den Menschen, über seinen Körper, sein Verhalten und sein Empfinden war widersprüchlich und uneinheitlich, auf jeden Fall waren die neuen Erkenntnisse nicht Produkt einer systematischen Fragestellung.[71] In das sich wandelnde Menschenbild flossen sowohl die Erfahrungen und Beobachtungen antiker Autoren ein, die nun mit einem anderen Blick gelesen wurden, als auch die Ergebnisse, die zeitgenössische Naturforscher und Mediziner aus ihrer Praxis gewonnen hatten. Außerdem vermittelten literarische Beobachter und Moralisten mit ihren »Klugheitslehren« anthropologische Einsichten, die rasch kanonisiert wurden.[72] Ihre Schriften wurden vielfach gelesen (Gratian, Montaigne). Schließlich lieferten die frühneuzeitlichen Philosophen Bausteine zur Anthropologie, insofern sie sich vornehmlich mit dem Verhältnis von Vernunft und Leidenschaften beschäftigten.

Die anthropologischen Reflexionen und Materialsammlungen kreisten um fünf Problemkomplexe, die vielfach schon in der Tradition angelegt waren, aber seit dem 16. Jahrhundert erneut an Aktualität gewannen.

Das erste große Thema war das Verhältnis von Mensch und Tier. Solange der Schöpfungsbericht allgemeine Gültigkeit besaß und dem Menschen eine unsterbliche Seele zugesprochen wurde, war die Antwort einfach: Der Mensch stand weit über dem Tier. Doch mit der Entdeckung neuer Welten und den Berichten über andere Völkerschaften und Rassen wurde das alte Weltbild erschüttert. Indianer und Schwarze etwa erschienen den Europäern nicht als gleichberechtigte Menschen. Sie wurden in die Nähe von Tieren gerückt. Die Grenze mußte neu gezogen werden.

Ein zweites Problem war die Bestimmung des Verhältnisses zwischen dem Menschen als Geschöpf Gottes und als Naturwesen; als Werk Gottes besaß der Mensch eine unsterbliche Seele, während er als erfahrbares Naturwesen vergänglich war und einer Entwicklung unterlag. Die Wertschätzung des Menschen hing wesentlich davon ab, wie die Natur selbst eingeschätzt wurde, sobald sie nicht mehr primär als Schöpfung Gottes gesehen wurde.

Als weiteres Thema beherrschte das Verhältnis von Körper und Seele die anthropologische Diskussion; es ging nicht um die Vergänglichkeit bzw. die Unvergänglichkeit von Körper bzw. Seele, sondern um die Materialität des Körpers und die Immaterialität der Seele, damit zugleich um das Lebensprinzip des Körpers, der zusehends als selbsttätige Maschine begriffen wurde.

Ein vierter Problembereich betraf das Verhältnis von Verstand und Leidenschaft (Trieb). Während es durch die antike und christliche Tradition als ein Herrschaftsverhältnis begriffen wurde – die Vernunft sollte über die Leidenschaften herrschen –, gewannen in der frühneuzeitlichen Anthropologie die Leidenschaften erstmals an positivem, vor allem eigenständigem Wert. Mit der Neutralisierung der Triebe wurden sie erstmals einer Beobachtung unterzogen.

Schließlich wurde die Anthropologie der frühen Neuzeit bestimmt durch die Spannung zwischen Wildheit und Zivilisation. Das Maß der Beurteilung des Menschen bildete nicht mehr der christliche Glaube, sondern die Zivilisiertheit, eine besondere Fassung von Menschsein, die in der Welt der bürgerlichen Männer einen Höhepunkt erreicht hat.[73]

Das Interesse am Menschen im 16. Jahrhundert

Mit der Renaissance hatte sich das Lebensgefühl der kulturellen Elite in Westeuropa grundlegend geändert, wenngleich die weltskeptische Haltung des Mittelalters damit keineswegs über Nacht verschwand. Der zentrale Wandel war die bewußte Hinwendung zur Welt und zum Menschen, die für die Entdeckung des Individuums den Rahmen setzte.[74]

Das neue Denken äußerte sich am stärksten in der Mikro-Makrokosmostheorie, nach der es zwischen Mensch und Natur Entsprechungen gibt, die eigenen Gesetzmäßigkeiten unterliegen. Die Aufwertung des Menschen und seiner Tätigkeiten widersprach an sich nicht der christlichen Tradition; nur wurde nun der Mensch weniger von der Erbsünde oder seinem Heilsstreben her definiert, sondern von der Tatsache, daß er ein Geschöpf Gottes war, das sein Leben in die Hand nahm und seine Welt aktiv gestaltete. Der italienische Humanist Pico della Mirandola hatte bereits 1486 geschrieben: »Daher ließ sich Gott den Menschen gefallen als ein Geschöpf, das kein deutlich unterscheidbares Bild besitzt, stellte ihn in die Mitte der Welt und sprach zu ihm: ›Wir haben dir keinen bestimmten Wohnsitz noch ein eigenes Gesicht, noch irgendeine besondere Gabe verliehen, o Adam, damit du jeden beliebigen Wohnsitz, jedes beliebige Gesicht und alle Gaben, die du dir sicher wünschst, auch nach deinem Willen und nach deiner eigenen Meinung haben und besitzen mögest. Den übrigen Wesen ist ihre Natur durch die von uns vorgeschriebenen Gesetze bestimmt und wird dadurch in Schranken gehalten. Du bist durch keinerlei unüberwindliche Schranken gehemmt, sondern du sollst nach deinem eigenen freien Willen, in dessen Hand ich dein Geschick gelegt habe, sogar jene Natur dir selbst vorherbestimmen.‹«[75] Für die Neubewertung des Menschen spielte der Rückgriff auf die Antike – nicht nur auf Aristoteles, sondern auch auf Seneca – ebenso eine Rolle wie die Entstehung einer neuen städtischen Kultur vor allem in Italien, deren intellektuelle Sprecher Laien waren, die um ihre neue soziale Position zwischen Adel und Kirche rangen, so vielfältig sie mit beiden verbunden waren.[76]

Der Diskurs über den Menschen, sein Wesen und seine Stellung in der Welt wurde im 16. Jahrhundert je nach Land von unterschiedlichen Gruppen getragen; vorrangig waren es Philosophen, aber auch Theologen und Mediziner sowie Naturforscher. Professionelle Hochschulgelehrte bildeten nur einen Teil der neuen Intellektuellen. Sie führten ihre Diskussion zumeist akademisch, in Auseinandersetzung mit der Antike und dem Christentum, aber in nicht geringem Maße flossen in ihre allgemeinen Überlegungen erstmals eigene Erfahrungen und empirische Beobachtungen ein.[77] Originelle Beiträge zur Anthropologie lieferten im 16. Jahrhundert etwa Paracelsus, Cardano und Montaigne.

Das Interesse am Menschen konzentrierte sich im wesentlichen auf vier Bereiche: An erster Stelle standen Reflexionen über das »Wesen« des Menschen im allgemeinen, der zwar durchaus als Geschöpf Gottes begriffen wurde, dessen »wesentlicher« Lebenssinn jedoch nicht mehr darin gesehen wurde, positiv die christlichen Gebote einzuhalten, der Sünde zu widerstehen und das Heil im Jenseits zu erlangen. Das frühneuzeitliche Menschenbild war weitgehend säkularisiert – ohne antichristlich zu sein – und erkannte der Welt einen positiven Stellenwert zu. Die meisten Humanisten betonten in ihrem Interesse am Menschen dessen Freiheit und Möglichkeit, aktiv verschiedene Wege zu gehen und nach der Vernunft und dem eigenen Nutzen eine Wahl zu treffen. Außerdem galt es, den Menschen als Naturwesen zu begreifen, das geboren wird und stirbt, das Bedürfnisse hat, aber auch Vernunft besitzt, wodurch es sich vom Tier unterscheidet. »Wer der Mensch nicht aus der großen Welt«, heißt es bei Paracelsus, »sondern wer aus dem Himmel, so esse er aus dem Himmel das Himmel Brot mit den Engeln: Aber er ist aus der Erden, aus den Elementen, dorumb muß er sich auch dieselbigen erhalten. Und die weil er ohn die große Welt nicht sein mag, sondern ohn sie ist er tod. Dorumb so ist er wie die große Welt ein Staub und ein Eschen.«[78] Zudem ist der Mensch ein gesellschaftliches Wesen, das nicht allein existieren kann, sondern in Gesellschaft mit anderen lebt, die gemeinsam ihr Leben gestalten müssen. Sicherlich ist diese Idee eine antike Erbschaft, neu ist jedoch die Vorstellung, daß der Mensch nicht nur Mitglied eines bestimmten Standes oder der Christenheit, sondern der »Menschheit« ist, zu der nicht nur Christen, sondern auch Heiden gehören, deren Menschsein erstmals klar und deutlich nicht bestritten wird. Die Wissenschaften und Künste dienen dementsprechend nicht nur dem »Vaterland« oder Gott, sondern vor allem der Menschheit. Schließlich betont die Renaissance besonders das Schöpferische im Menschen, die Fähigkeit, Schönes und Eigenständiges zu schaffen, und leitet daraus eine individuelle Verantwortung für sich und das Ganze ab. Die »Arbeit« ist nicht mehr ein Fluch Gottes, sondern muß Mittel werden, die Welt zum Nutzen aller zu gestalten, ebenso sollen Erziehung und Bildung nicht nur dazu dienen, untertänige Christen zu erziehen, sondern bessere Menschen. Die Verbesserbarkeit des Menschen ist eine Grundüberzeugung der Renaissance.

Das Interesse am Menschen äußerte sich im 16. Jahrhundert nicht nur theoretisch und allgemein, sondern – und das ist der zweite große Themenkomplex der frühneuzeitlichen Anthropologie – ganz konkret im Interesse am individuellen Körper und am Sitz der Seele. Die Erforschung des Körpers geht zurück auf den Wunsch von Medizinern, mit ihrem Wissen Menschen zu heilen, sowie auf die sich verbreitende wissenschaftliche Neugier unter den Humanisten, den Mikrokosmos kennenzulernen. Bereits im Mittelalter gab es einzelne Beschreibungen und Untersuchungen über den Menschen, außerdem überlieferte die Antike etliches Wissen, aber eine moderne methodische und wissenschaftliche Untersuchung des menschlichen Körpers begann erst im 16. Jahrhundert.[79] Das Interesse, den menschlichen Körperbau kennenzulernen, die Organe und ihre Funktionsweise zu begreifen sowie das menschliche Leben schlechthin zu erfassen, war grenzenlos. Möglich wurde diese Erforschung nur durch die Brechung des Tabus, Menschen zu sezieren, was vermehrt seit dem 16. Jahrhundert geschah. In Andreas Vesalius' aufwendigem anatomischen Werk »De homini Corporis Fabrica« (1543) wurden erstmals alle Organe des menschlichen Körpers beschrieben.

Aber auch der Beitrag der »Laien« ist unverkennbar. Eine zunehmende Zahl von Humanisten begann den eigenen Körper zu beobachten. Bekannt sind die Selbstbeobachtungen von Erasmus und Montaigne. Ausführliche Berichte über die eigenen Krankheiten kennen wir auch von Hermann von Weinsberg in Köln und Girolamo Cardano in Mailand.

Ebenso bemerkenswert sind die beginnenden Beschreibungen der äußeren Erscheinungsformen der Menschen, die physiognomischen Beobachtungen, über die erstmals die Individualität der einzelnen Menschen festzumachen ist. Grundlegend wurden neben Giovanni Batista della Pontas »De humana physiognomia libri quattuor« (1570) auch die verschiedenen Selbstbeschreibungen von humanistischen Zeitgenossen. Ungewöhnlich realistisch schilderte sich zum Beispiel Cardano: »Meine Gestalt ist mittelgroß. Meine Füße sind klein, vorn an den Zehen breit und haben einen etwas hochgewölbten Rücken, so daß ich nur mit Mühe passende Schuhe finde und gezwungen bin, mir solche eigens herstellen zu lassen. Meine Brust ist etwas eng. Die Arme sind viel zu dünn, die rechte Hand zu plump und ihre Finger unförmig, woraus die Handwahrsager wohl schließen möchten, daß ich dumm und roh sei. Sie mögen sich dieser ihrer Wissenschaft schämen.« Weiter heißt es: »Meine Sprechweise ist etwas laut, so daß ich mitunter darob von Leuten getadelt wurde, die sich gern als meine Freunde ausgaben; die Stimme selbst ist rauh und stark und wurde gleichwohl in meinen Vorlesungen schon in einiger Entfernung nicht mehr verstanden. Meine Redeweise ist nicht gerade angenehm und viel zu umständlich, mein Blick fest und starr wie der eines Nachdenkenden.« Abschließend heißt es: »So ist also nichts Besonderes an mir.«[80]

Anknüpfend an antike Beobachtungen mehrten sich schließlich Charakterbeschreibungen, Analysen und Darstellungen verschiedener Affekte und unterschiedlicher Reaktionsweisen von Menschen, weiterhin interessierten die Leidenschaften und die Sinnlichkeit – die ein vernunftgemäßes Leben immer wieder stören. Dabei wurden die Ursachen und Gründe einzelner Handlungen nicht mehr einfach von Gott oder dem Teufel abgeleitet, der Blick wurde differenzierter. Man glaubte an den Einfluß der Sterne, bereits an die Vererbung, an die Einwirkung von Klima und Lebensgewohnheiten.

Die theoretische wie empirische Hinwendung zum Menschen implizierte schließlich als dritten Themenbereich ein ungewöhnlich starkes Interesse an einer Theorie der Lebensführung. Die humanistische Lebensphilosophie bekannte sich zu einer von christlicher Tradition unabhängigen Lebensvorstellung. Überliefert sind aus dem 16. Jahrhundert zahlreiche moralische Traktate, Lebensanweisungen und Klugheitsbücher, die allesamt – von Morus bis Bacon, von Erasmus bis Montaigne – Bruchstücke einer weltlichen Ethik präsentieren.[81] Sie stellen im Großen und Ganzen drei Lebensregeln auf, die bis in die Aufklärungszeit Gültigkeit besaßen. Jeder Humanist propagierte einmal eine bewußte Lebensführung durch permanente Selbstkontrolle, wobei es nicht mehr primär um eine Überwindung der Sünde ging, sondern um ein würdiges Menschsein. Außerdem predigten alle Humanisten, maßvoll zu leben, und zwar nicht nur mäßig zu essen und zu trinken, sondern in allen menschlichen Handlungen beherrscht aufzutreten. Vorrangig ging es dabei – neben dem Ideal eines gesunden Lebens – um die Erringung eines Gleichmuts, durch den man den Unbilden des Lebens am besten widerstehen könne. Schließlich und vor allem bekämpften alle Humanisten Sinnlichkeit und Leidenschaft. Nur der ist wirklich Mensch, der sich vernunftgemäß verhält. Damit wurden Sinnlichkeit und Leidenschaft zwar nicht völlig verurteilt, sie gehören mit zum Menschsein und sind nicht des Teufels, aber sie bedürfen der Vernunftlenkung und Kontrolle. In die zahlreichen frühneuzeitlichen Lebensanweisungen floß nicht nur die Lektüre antiker Texte ein, viele Klugheitslehren waren Produkte eigener Erfahrungen und Reflexionen. Von den Schwierigkeiten, ein vernunftgeleitetes und selbstkontrolliertes Leben zu führen, berichten beispielsweise Cardano und Montaigne offen. Sie offenbaren damit die Probleme der Zeit und setzten sie gleichsam in Szene. Am Ende seiner »Lebensbeschreibung« resümiert Cardano: »Alle menschlichen Handlungen geschehen mit Hilfe der äußeren Erfahrung, des Verstandes, der Überlegung und fremder Ratschläge, göttlicher Eingebung und äußerer Anlässe, durch leidenschaftliche Triebe und Zufälligkeiten.«[82]

Die Entdeckung der individuellen Körperlichkeit: Physiognomie

Wenngleich heute der Physiognomik kein wissenschaftlicher Wert beigemessen wird, ihre Beobachtungen nicht als »exakt« gelten, bildete sie in der frühen Neuzeit den Inbegriff der »Kenntnis der Körperlichkeit«, die am stärksten zur Förderung von »Menschenkenntnis und Menschenliebe« beigetragen hat.[83] Sie übte großen Einfluß auf die Kunst und Kunstbetrachtung sowie auf die beginnende anthropologische Forschung aus. Vor allem zählte sie zum Hauptbetätigungsfeld der Naturforscher wie der aufgeklärten

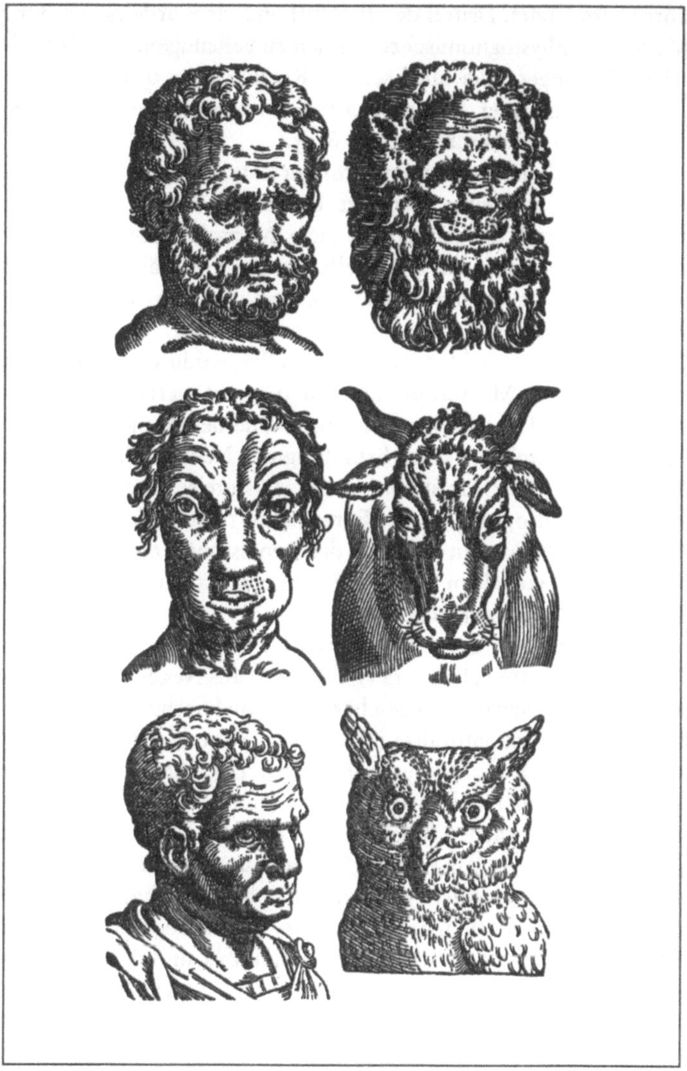

Mensch-Tier-Vergleiche, aus: Giambattista della Porta »De Humana Physiognomia«, 1586

Bürger. Im letzten Drittel des 18. Jahrhunderts wurde es geradezu Mode, sich physiognomischer Studien zu befleißigen. Es gab zahlreiche Anhänger, aber auch scharfe Kritiker: Von den Initiatoren als Grundlage aller Wissenschaften verstanden, bestritten ihre Gegner jeden wissenschaftlichen Wert.

Der einflußreichste Popularisator der Physiognomik im 18. Jahrhundert, der Schweizer Theologe Lavater, definierte sie als »die Fertigkeit, durch das Äußerliche eines Menschen sein Inneres zu erkennen: das, was nicht unmittelbar in die Sinne fällt, vermittelst irgend eines natürlichen Ausdrucks wahrzunehmen. [...] Alle Züge, Umrisse, alle passive und aktive Bewegung, alle Lagen und Stellungen des menschlichen Körpers: alles, wodurch der leidende oder handelnde Mensch unmittelbar bemerkt werden kann, wodurch er seine Person zeigt – ist Gegenstand der Physiognomik.«[84] Die Physiognomik ist keine Erfindung der Neuzeit, die frühesten Reflexionen dieser Art stammen von Aristoteles, doch zum Ausbau einer anthropologischen »Forschungs«richtung kam es erst in der frühen Neuzeit, im Zeitalter der Renaissance, als die menschliche Gestalt vor allem von den Künstlern Leonardo, Dürer und Michelangelo neu entdeckt wurde.

Das Hauptwerk der neuzeitlichen Physiognomik stammt vom Arzt Giambattista della Porta (1535–1615) aus Neapel. Della Porta war ein sehr gelehrter und geschätzter Naturforscher, der eine umfängliche »Magia naturalis« (1558–1585) hinterlassen hat. Außerdem schrieb er Komödien und Tragödien. Doch berühmt wurde er durch die »Humana physiognomonia« (1586), die rasch in die verschiedensten Sprachen übersetzt wurde. Ihr eigentlicher Wert gründet weniger in den eigenen Beobachtungen della Portas als in der systematischen Auswertung der reichhaltigen Traditionen von der Antike bis ins 16. Jahrhundert. Die Schrift beginnt mit einem allgemeinen Überblick über die Physiognomik und die Methoden der Charakterdeutung, dann beschreibt sie die spezifischen Merkmale der einzelnen Körperregionen, ihr dritter Teil ist besonders der Physiognomik des Auges gewidmet. Zum Schluß schreibt della Porta über den Menschen als ganzes und lebendiges Wesen mit guten und schlechten Charaktereigenschaften. Bekannt ist das Buch vor allem durch die zahlreichen Holzschnitte, darunter einer mit der bekannten Gegenüberstellung bestimmter Menschen- und Tiertypen, die die Phantasie der Zeit sehr anregte.[85]

Della Porta war Anhänger der Mikro-Makrokosmostheorie, nach der es zu den Dingen der sichtbaren Welt Analogien gibt. Insofern führt sein Werk über eine reine Kenntnis der Körperlichkeit des Menschen hinaus. Aber es waren nicht nur die Bezüge zu der pansophischen Signaturenlehre, die sein Werk interessant machten, sondern die Anregungen, die von seiner Physiognomik ausgingen. Die Chiromantie der Zeit, die Beschäftigung mit der Hand und der Handschrift wurden durch ihn ebenso gefördert wie die Klassifizierung der Menschen nach Leidenschaften. Le Brun, der französische Maler am Hof Ludwigs XIV., ein zweiter Hauptvertreter der Physiognomik, unterteilte die Menschen in drei Kategorien: Zur ersten Gruppe zählte er die neutralen Charaktere, die nur schwachen Gemütsbewegungen unterworfen sind und keinerlei prägnante Veränderungen der Gesichtszüge erkennen lassen. Zur zweiten gehören die Menschen, die von edlen Gemütsbewegungen bestimmt werden und deswegen einen erhabenen Ausdruck zeigen. Der dritten Gruppe ordnete er schließlich diejenigen Charaktere zu, die von verdammungswürdigen Leidenschaften beherrscht sind.[86] Vor allem meinte Le Brun, die Typen an der Augenbrauenpartie unterscheiden zu können.

Die größte Konjunktur erlebte die Physiognomik aber im 18. Jahrhundert; man sprach in den 70er und 80er Jahren sogar von einer »physiognomischen Raserei«. Sie unterschied sich wesentlich durch zwei Merkmale von den früheren Formen. Zum einen war sie in Deutschland ein Ausdrucksmittel der literarischen Bewegung des »Sturm und Drang« und stellte somit kein rein wissenschaftliches Phänomen dar, zum anderen ging es ihr nicht mehr um das Allgemein-Typische: Sie hob das Recht und die Würde des einzelnen Individuums hervor, ja sie testeten die verschiedenen Möglichkeiten einer Beschreibung des Individuums.[87]

Im Mittelpunkt der »physiognomischen Raserei« stand das Hauptwerk von Johann Kaspar Lavater, die vierbändigen »Physiognomischen Fragmente, zur Beförderung der Menschenkenntniß und Menschenliebe« (1775–1778). Der Fragmentcharakter entsprach dem Geist der Zeit, die das Unvollendete, Sprunghafte und Unsystematische des Werkes als Ausdruck von Unmittelbarkeit, Wahrhaftigkeit und Genie verstand. Die Stärke des großen Unternehmens, an dem viele bekannte Zeitgenossen, unter anderem Goethe, mitwirkten, war nicht seine Exaktheit, klare Strukturierung und Wissenschaftlichkeit, so sehr Lavater mit seinen Fragmenten die Physiognomik wissenschaftlich begründen wollte, sondern die Breite der angesprochenen Themen, die zahlreich eingeflochtenen allgemeinen religiösen Betrachtungen und Lebensweisheiten sowie die stilvolle Vermittlung, die eine wissenschaftliche Sprache – zum Nachteil des ganzen Werkes – vermied.

Themen waren neben der Physiognomie der tiefsten menschlichen Lasterhaftigkeit sowie der idealischen Köpfe die Dummheit und die Selbstlosigkeit, Judas und Christus, Affen, Ziegen, Schafe genauso wie Fürsten, Helden und Seher. Lavater präsentierte Theorien zur bildenden Kunst ebenso wie Gedichte, und zwischen all den pathetischen Werken und dem angehäuften Material sind Hunderte von Kupferstichen eingestreut.

Den Nutzen seiner Physiognomik, die ja die Fertigkeit schulen wollte, durch das Äußere eines Menschen sein Inneres zu erkennen, sah Lavater in der Befriedigung des menschlichen Erkenntnisdrangs – und das um so mehr, als die Physiognomik für ihn eine Wissenschaft der Menschenkenntnis war, also der menschlichen Selbstkenntnis diente.

Lavaters Vorgehensweise ist die alte Analogiebildung – das Gesetz der Entsprechung. Er stellt gleiche bzw. ähnliche Formen einander gegenüber und untersucht dann, inwieweit diese mit bestimmten seelischen Inhalten korrespondieren, und ebenso, wie Äußerungen der Seele die angestammten Formen umgestalten. Die Gemütsbewegungen, ja alle Regungen der Seele, sind für ihn als Kräfte aufzufassen, die imstande sind, selbst auf die Knochen des Gesichts einen Einfluß auszuüben. Das aufzuspüren – Ursache und Wirkung der Gemütsbewegungen in der sichtbaren Welt zu entdecken –, ist für Lavater die Aufgabe des Physiognomen. Dazu bedarf es neben intensiver Fähigkeiten einer scharfen Beobachtung und eines reichen Erfahrungsschatzes.

Lavater selbst beobachtete und deutete alles, was sich seinen Augen bot. Beim Menschen nahm er keineswegs nur dessen feste und bewegte Form zur Kenntnis, sondern auch die dazugehörige erweiterte Physiognomie – also Kleidung, Wohnung und Lebensart. Das Studium der bewegten und flüchtigen Form bezeichnete Lavater unter Einfluß von Lichtenberg als »Pathognomik«. Sie war ihm die »Wissenschaft der Zeichen der Leidenschaften«, während er die Beschäftigung mit der festen Form, die Physiognomik, als die »Kraftdeutung oder Wissenschaft der Zeichen der Kräfte« definierte.[88]

Im Mittelpunkt seiner physiognomischen Studien stand die Untersuchung des menschlichen Schädels, denn Lavater glaubte, »je genauer sich die Umrisse des menschlichen Kopfes bestimmen lassen, desto wissenschaftlicher und sicherer« werde die Physiognomik. Dabei galt sein Interesse weniger den Absonderlichkeiten als den idealen Proportionen; später erhob er das heftig umstrittene Postulat von der Einheit körperlicher und moralischer Schönheit zum Leitfaden seiner Forschungen. »Je moralisch besser: desto schöner. Je moralisch schlimmer, desto häßlicher.«[89]

Lavaters Fragmenten sind zahlreiche Bilder beigegeben. Sie zeigen Einzelporträts und Anhäufungen von ganzen Kopfreihen, Kopien nach alten Mustern und physiognomische Rätselspiele. Zudem legte Lavater ein eigenes Physiognomisches Kabinett von über 22000 Bildern an, das Figurendarstellungen, physiognomische Detailstudien, Bildnisse berühmter Männer und Frauen aus Politik, Kunst und Wissenschaft, Reproduktionen und Nachahmungen von Kunstwerken umfaßte. Seinen Bekannten ging er mit ständigen Bitten um Bilder oder Schattenrisse geradezu auf die Nerven.

Obwohl das Werk Lavaters ungewöhnlich stark rezipiert wurde, blieb sein Erfolg beschränkt. Selbst Goethe, der Lavater lange bewunderte, sah die Grenze der Gelehrsamkeit Lavaters. »Er war weder Denker noch Dichter – keineswegs imstande, etwas methodisch anzufassen, griff er das Einzelne sicher auf, und so stellte er es auch kühn nebeneinander.«[90] Der schärfste Kritiker war der Göttinger Physiker und Aufklärer Georg Christoph Lichtenberg, obwohl er die Physiognomik nicht grundsätzlich ablehnte. Aus wissenschaftlichen wie aus persönlichen Gründen formulierte er 1778 seine vernichtende Kritik. Gerade in Anbetracht seiner eigenen Mißbildung verwarf er die Lehre von der Übereinstimmung von Körperbau und Moralität. Er selbst betrieb mit gewisser satirischer Distanz eigene physiognomische Experimente. »Da war z. B. ein Nachtwächter, der ihn jahrelang aus dem Schlaf riß durch seine laute Stimme, mit der er die Uhrzeit ausrief. Lichtenberg versuchte, auf die Physiognomie des Nachtwächters vom Ton der Stimme zu schließen, und hielt seine Vorstellung auch zeichnerisch fest. Zu seiner Überraschung mußte er jedoch, als der Mann in Person vor ihm stand, feststellen, daß der lautstarke Rufer die Statur eines kleinen Männchens besaß.«[91]

Trotz aller Kritik an Lavaters Physiognomik hielt das Interesse an dieser Wissenschaft bis weit ins 19. Jahrhundert hinein an. So kurios uns heute die Physiognomik erscheint, so haben doch gerade Lavaters Vorstellungen und Konzepte das Interesse insgesamt an der Erforschung des Menschen und seines Charakters zu Ende des 18. Jahrhunderts erheblich gestärkt. Die Wissenschaft vom Menschen war nicht mehr die Angelegenheit einiger weniger Gelehrter, sie wurde zur Plattform bürgerlicher Selbstverständigung. Vor allem stärkte die Physiognomik den eigenen Blick auf das Typische und Individuelle, nicht nur in der Oberschicht. Wurden bisher Gelehrte, Kaufleute, Bürger und Bauern hauptsächlich als Standespersonen dargestellt, geriet fortan die Darstellung des je typisch Individuellen (das Anthropologische) in den Blick.

Die Entdeckung der Seele: Anfänge der Psychologie

Mit dem Interesse an körperlichen Ausdrucksformen und Charakterzeichnungen ging im 18. Jahrhundert ein steigendes Interesse an der Psyche des Menschen, am »inneren Menschen«, einher. Als Disziplin war die Psychologie seit der Antike durchaus bekannt, aber jede »Seelenlehre« blieb bis in die Mitte des 18. Jahrhunderts hinein eine spekulative Angelegenheit der Philosophie, bildete einen Teilaspekt einer systematischen Weltanschauung.[92] Ein darüber hinausgehendes Interesse, das die konkreten Erfahrungen und Beobachtungen reflektierte, gab es zwar – ich erinnere an die Werke von Montaigne, Gratian und de la Rochefoucauld –, aber Beobachtungen und Erfahrungen begannen erst in der zweiten Hälfte des 18. Jahrhunderts eine eigene Rolle in der sich als Wissenschaft verstehenden Psychologie zu spielen. In Deutschland kreiste die Etablierung einer neuen Psychologie vor allem um die Bemühungen einer »Erfahrungsseelenkunde«.

Die Psychologie des 18. Jahrhunderts, die sich als eine eigenständige, von der Schulphilosophie unabhängige empirische Wissenschaft begriff, speiste sich aus den verschiedensten Traditionen, an denen Philosophen, Prediger, Schriftsteller und Ärzte beteiligt waren. Natürlich blieben die klassischen Werke von Descartes bis Locke für die Diskussion relevant, sie lieferten noch lange das theoretische Rüstzeug. Neu und revolutionär aber wirkte ihr empirischer Bezug, ihre empirische Grundlegung, an der Aufklärung wie Pietismus mitwirkten. Die Aufklärer begannen, das breite Material schriftlicher Zeugnisse von Autobiographien und Tagebüchern zu sammeln und auszuwerten. Zugleich flossen in ihre Arbeit eigene Beobachtungen ein, die erstmals »experimentell« überprüft wurden. Der bekannte Anhänger einer physiologischen Erklärung des Seelenlebens, Karl Franz von Irrwing, schrieb in seinen »Erfahrungen und Untersuchungen über den Menschen« (1785): »Ich suchte so viel möglich alles zu vergessen, was ich von transcendentaler Wissenschaft in Absicht der Seele und ihrer Natur gelernt hatte, sah den Menschen bloss wie jedes andere Naturwerk an, machte mit sinnlichen Bemerkungen den Anfang, nahm physiologische Kenntnisse zur Hilfe, räsonnierte darüber und enthielt mich, schon immer auf die letzten Resultate hinzuweisen.«[93] Ein neues Wissenschaftsverständnis kündigte sich an.

Es entstanden die ersten grundlegenden Monographien im Zusammenhang von Studien über die menschliche Natur oder die Anthropologie. Wegweisend wurden wegen ihrer Empirienähe die psychologischen Zeitschriften. Als erste deutsche Zeitschrift ist das von Philipp Moritz herausgegebene »Magazin zur Erfahrungsseelenkunde« (1783–93) zu nennen, dann folgten das »Allgemeine Repertorium für empirische Psychologie und verwandte

Wissenschaft« (1792–1801) von J.D. Mauchart sowie das »Psychologische Magazin« (1796–98) von C. C. E. Schmid.

Das interessanteste und wichtigste Publikationsorgan im deutschen 18. Jahrhundert, das »Magazin zur Erfahrungsseelenkunde als ein Lesebuch für Gelehrte und Ungelehrte«, wurde bezeichnenderweise von Moritz, dem Verfasser des berühmten autobiographischen Romans »Anton Reiser«, herausgegeben; er war sowohl von der Aufklärung wie vom Pietismus geprägt.[94]

Vom Plan einer psychologischen Zeitschrift erfahren wir erstmals 1782. In der kleinen Schrift »Ansichten zu einer Experimentalseelenlehre« schrieb Moritz: Man sollte Beobachtungen aller Art sammeln und nicht früher zur Reflexion übergehen, »bis eine hinlängliche Anzahl Fakta da sind, und dann am Ende dies alles einmal zu einem zweckmäßigen Ganzen geordnet (sei), welch ein wichtiges Werk für die Menschheit könnte dieses werden [...] Das wäre noch der einzige Weg, wie das menschliche Geschlecht durch sich selbst mit sich selbst bekannter werden und sich zu einem höheren Grade der Vollkommenheit emporschwingen könnte, so wie ein einzelner Mensch durch Erkenntnis seiner selbst vollkommener wird [...] [Ein Magazin der Experimentalseelenkunde] würde alsdann einmal ein allgemeiner Spiegel werden, worin das menschliche Geschlecht sich beschauen könnte. Und wenn dieser Beobachtungsgeist nur einmal rege würde, und eine dauerhafte Richtung auf diesen wichtigen Gegenstand der menschlichen Erkenntnis behielte, was für wichtige Fortschritte könnten nicht in wenigen Jahren gemacht werden, wenn ein jeder in seinem Zirkel Beobachtungen anstellte, und dieselben zum allgemeinen Besten bekannt machte.«[95] Die moderne Psychologie verstand sich als Wissenschaft im Dienste der Menschheit und der Selbstklärung und wurde zur eigentlichen Wissenschaft des modernen Individuums.

Das seit 1783 erscheinende »Magazin« publizierte Teile der Autobiographie von Moritz sowie die Lebensbeschreibung seines zeitweiligen Mitherausgebers Salomon Maimon. Seinen Interessen entsprechend enthielt die Zeitschrift vor allem psychopathologische Studien. Der erste Jahresband brachte beispielsweise unter der Rubrik »Seelenkrankheitskunde« Artikel über einen Blödsinnigen, eine Gemütsgeschichte, die Geschichten eines Kindermörders und eines Selbstmörders; der Abschnitt über Seelennaturkunde brachte Beobachtungen über Taub- und Stummgeborene, über Träume, über die Sprache, Empfindungen bei der Todesvorstellung. Die Zeitschrift war insgesamt keiner bestimmten psychologischen Richtung verpflichtet, sie wollte nur »Fakta« liefern und kein »moralisches Geschwätz, keinen Roman und keine Komödie«.[96] Damit brach sie mit der Tradition der philosophischen Reflexion. Bevor über den Menschen und seine Seele gesprochen werden könne, sollte er erst einmal genauestens beobachtet und untersucht werden. Die Bedeutung des »Magazins« lag in seiner vermeintlich werturteilsfreien Beobachtung des Menschen, die den Ungelehrten genauso mitgeteilt werden sollte wie den Gelehrten.

Obwohl erst das 19. Jahrhundert die großen psychologischen Entdeckungen und Systeme hervorbrachte, wurden doch entscheidende methodische wie theoretische Grundlagen im späten 18. Jahrhundert gelegt. Neben dem Interesse am Verstand gab es in der Aufklärung ein starkes Interesse an der Seele, ohne das die große zeitgenössische Literatur und insbesondere die Autobiographien kaum zu verstehen wären. Die großen Themen der Zeit bildeten nicht mehr allein Unsterblichkeit, Freiheit des Willens sowie das Verhältnis von Leib und Seele, sondern zusehends auch die subjektiven Gefühle, Leidenschaften und Triebe. Die Entdeckung der Subjektivität des Menschen war in der Aufklärung ebenso zentral wie der Kampf um Menschenwürde und -rechte.

Von der Wissenschaft des Menschen zur Anthropologie

In enger Beziehung zur Physiognomik und Psychologie entwickelte sich die frühneuzeitliche Wissenschaft der Anthropologie. Über den Menschen, über sein Wesen und seine Natur hatte man in verschiedenen Zusammenhängen schon lange nachgedacht, als eine eigene Disziplin mit der Bezeichnung »Anthropologie« entstand sie jedoch erst im 18. Jahrhundert, im Zeitalter der Aufklärung – wenngleich der Begriff selbst älter ist.[97] Der Arzt Johann Georg Zimmermann schrieb 1763: »Es ist eine große Wahrheit und eine Wahrheit, die in unseren Zeiten alle wahren Philosophen predigen, daß unter allen menschlichen Wissenschaften die nützlichste und noch zur Zeit unvollkommenste, die Kenntnis des Menschen ist.«[98]

Das rasch steigende Interesse der Aufklärer an der Anthropologie äußerte sich in einer Vielzahl anthropologischer Veröffentlichungen, die zwar vom Ansatz her wenig miteinander zu tun hatten, deren Verfasser aber allesamt der Überzeugung waren, der Erkenntnis der menschlichen Natur zu dienen. Selbst katholische Geistliche schlossen sich dieser Bewegung an. 1795 schrieb der Benediktiner Bernhard Stöger, daß es für den Menschen nichts Wichtigeres als die Kenntnis seiner selbst gäbe. »Die Anthropologie führt ihn hin zu dieser Selbsterkenntniß, indem sie ihn mit dem organischen Band seines Körpers, mit den Verrichtungen und den Gebräuchen der körperlichen Werkzeuge und mit der Natur und den Eigenschaften seiner Seele bekannt macht.« Anthropologie wurde die Wissenschaft zur »Selbsterkenntnis«.[99]

Zwei Richtungen lassen sich dabei von Anfang an unterscheiden: eine psychophysische und eine philosophische Anthropologie, deren bedeutendste Vertreter in Deutschland Ernst Platter und Wilhelm von Humboldt waren. In Frankreich vertraten Claude Adrien Helvétius, Baron d'Holbach und Denis Diderot eine materialistische Anthropologie.

Ein Verfechter der »Ganzheitlichkeit« des Menschen war der Medizinprofessor Ernst Platner (1744–1818), dessen »Anthropologie für Aerzte und Weltweise« (1772) weite Verbreitung fand. Entgegen der cartesianischen Tradition war er der Überzeugung, daß der Mensch stets als Ganzes, als eine Einheit aus Leib und Seele betrachtet werden muß. Die Wissenschaft vom Menschen kann nach ihm auf zwei verschiedene Weisen vorgehen: Einerseits kann man »die Theile und Geschäfte der Maschine allein betrachten, ohne dabey auf die Einschränkungen zu sehen, welche diese Bewegungen von der Seele empfangen, oder welche die Seele wiederum von der Maschine leidet; das ist Anatomie und Physiologie«. Andererseits kann man »auf eben diese Art die Kräfte und Eigenschaften der Seele untersuchen, ohne allezeit die Mitwirkung des Körpers oder die daraus in der Maschine erfolgenden Veränderungen in Betracht zu ziehen; das wäre Psychologie, oder welches einerley ist, Logik, Aestetik, und ein großer Theil der Moralphilosophie. Denn so wie es Bewegungen der Maschine gibt, welche mit der Seele in keinem erheblichen Verhältnisse stehen, so gibt es auch Geschäfte der Seele, welche keinen merklichen Einfluß in den Körper haben, noch von dem Körper eigene und der Anzeige besonders würdige Einschränkungen leiden. Endlich kann man Körper und Seele in ihren gegenseitigen Verhältnissen, Einschränkungen und Beziehungen zusammen betrachten, und das ist es, was ich Anthropologie nenne.«[100]

Als bekanntester Vertreter einer philosophischen Anthropologie gilt Wilhelm von Humboldt (1767–1835), der 1795 den aufschlußreichen »Plan einer vergleichenden Anthropologie« vorlegte, die er als eine wissenschaftliche Charakterologie konzipiert hatte.[101] Charakterkenntnis ist ihm der einzig legitime Zweck einer Anthropologie, denn im Charakter zentriert sich gewisserweise alles, was nur irgend Einfluß auf den Menschen hat, und nur vom Charakter her läßt sich die Entwicklung bestimmen, die der Mensch stets als ein von inneren und äußeren Faktoren gleicherweise geprägtes Ganzes durchläuft. Methodisches Vorbild für Humboldts Unternehmen war die im 18. Jahrhundert vielfach betriebene vergleichende Methode in den Naturwissenschaften: »Wie man in der vergleichenden Anatomie die Beschaffenheit des menschlichen Körpers durch die Untersuchung des Thierischen erläutert, ebenso kann man in einer vergleichenden Anthropologie die Eigentümlichkeiten des moralischen Charakters der verschiedenen Menschengattungen nebeneinander aufstellen und vergleichend beurtheilen.«[102]

Die Anthropologie ist aber sowohl ihrem Verfahren als auch ihrer Tendenz nach keine ausschließlich empirische Wissenschaft, ihre »Eigentümlichkeit« liegt darin, daß »sie einen empirischen Stoff auf eine speculative Weise, einen historischen Gegenstand philosophisch, die wirkliche Beschaffenheit des Menschen mit Hinsicht auf seine mögliche Entwicklung behandelt«[103]. Im Mittelpunkt der Anthropologie Humboldts steht niemals der einzelne Mensch, sondern die ins Idealische gesteigerte Individualität, die es dem Menschen ermöglicht, »bloss durch die Idee« und von seinem »Geist aus thätig und praktisch« auf sich einzuwirken. Ein Beispiel seiner vergleichenden Anthropologie bietet seine anthropologische Untersuchung des Unterschieds der Geschlechter.

Die Anthropologie wurde zu Ende des 18. Jahrhunderts *die* Wissenschaft der Aufklärung; es ging ihr nicht nur um die Erforschung der Natur des Menschen unter den verschiedensten Aspekten, sondern zugleich um die Selbsterforschung des sich emanzipierenden Bürgertums, das sich erstmals bewußt als Teil der Menschheit begriff. Entsprechend begehrt waren die Bücher, die unter dem Titel »Erforschung der menschlichen Natur«, »Die Geschichte der Natur des Menschen« oder »Die Geschichte der Menschheit« erschienen.

So nimmt es nicht Wunder, daß zu Ende des Jahrhunderts sich neben der medizinischen Anthropologie, die das Verhältnis von Leib und Seele thematisiert, und der philosophischen Anthropologie, die sich die Natur des Menschen allgemein und an sich zum Thema setzt, weitere Interessensrichtungen und Bewegungen etablierten, die allerdings erst im 19. Jahrhundert expandierten.

Bemerkenswert ist zunächst das Interesse an der »weiblichen Anthropologie«[104]. Philosophische und medizinische Traktate über die Frau gab es schon lange; »das Wesen der Frau« sowie die Geschlechterunterschiede wurden mit der Schöpfungsordnung und der Herrschaftsordnung des Hauses begründet. Mit dem Aufstieg der Anthropologie änderte sich dieser traditionelle soziale Blick beträchtlich. Die Frau wurde, bedingt durch den Körperbau, erstmals als ein vom Mann eindeutig unterschiedenes selbständiges Wesen begriffen, das eine eigene Kultur produziert; zugleich wurde die bestehende patriarchalische Ordnung nicht allein als sozial bedingtes Phänomen gesehen, sondern als der Naturordnung gemäß definiert. Mit dem »Wesen der Frau«, ihrem Charakter und ihrer Natur haben sich um die Jahrhundertwende viele Philosophen, Literaten und Ärzte beschäftigt; die Beiträge sind kaum zu zählen. Eine abschließende Beschreibung der »Psychischen Anthropologie« des Philosophen Jakob Friedrich Fries von

1820 lautete wie folgt: »Das weibliche Geschlecht ist der Regel nach, seiner Bestimmung zur Fortpflanzung der Menschen gemäß, reizbarer, schwächlicher, geschmeidiger als das männliche. Dem Manne gehört Kraft und That; das Weib ist stärker im Ertragen. Weiber sind duldender bei körperlichem Schmerz, selbst körperlich stärker da, wo es nur auf leidendes Ertragen ankommt [...]. So ist denn endlich der wahre Kreis weiblicher Wirksamkeit auf das häusliche Leben beschränkt, in welchem das Gemüth, liebende Sorge und Geduld herrschen.«[105]

Auch die Anfänge der wissenschaftlichen Anthropologie, aus der sich später die Kulturanthropologie entwickelte, lassen sich im späten 18. Jahrhundert aufspüren.[106] Dabei trafen sich medizinische mit physiognomischen Interessen. Vor allem ging es um Klärung der Frage nach dem Ursprung des Menschen sowie nach dem Unterschied der verschiedenen Menschenrassen. Als Begründer der wissenschaftlichen Anthropologie galt der Mediziner Friedrich Blumenbach, der in Göttingen eine erste anthropologische Sammlung anlegte. Seine dreibändige »Geographische Geschichte des Menschen und allgemein verbreiteter vierfüßiger Thiere« (1778–83) wurde wegweisend. Als ein bedeutsamer Propagator einer sich zur Kulturanthropologie ausweitenden wissenschaftlichen Anthropologie galt vor allem auch Johann Gottfried Herder, der 1785 in seinen »Ideen zur Philosophie der Geschichte der Menschheit« schrieb, daß die menschliche Natur eine genaue Aufmerksamkeit verdiene. Er hoffte auf jemanden, der die »hie und da zerstreuten treuen Gemälde der Verschiedenheit unsers Geschlechts sammelte und damit den Grund zu einer sprechenden Naturlehre und Physiognomik der Menschheit legte. Philosophischer könnte die Kunst schwerlich angewandt werden und eine anthropologische Charte der Erde [...], auf der nichts angedeutet werden müßte, als was Diversität der Menschheit ist, diese aber auch in allen Erscheinungen und Rücksichten, eine solche würde das philanthropische Werk krönen.«[107]

Am Ende des 18. Jahrhunderts kam es schließlich zur Ausbildung einer anthropologischen Wissenschaftsrichtung, die wir heute als Völkerkunde bzw. Ethnologie bezeichnen.[108] Während in Deutschland die wissenschaftliche und philosophische Anthropologie starke Traditionen ausbildete, wurden England und Frankreich die klassischen Länder der ethnologischen Forschung. Der Aufstieg der Ethnologie verdankte sich der Ausweitung der Kolonialherrschaften und dem Beginn von Forschungsexpeditionen, deren Ergebnisse publiziert wurden. Reiseberichte hatte es schon seit langem gegeben, doch die älteren hatten die abenteuerlichen Erlebnisse in den Vordergrund gestellt, während die Berichte über die neuen Expeditionen, die nach einem vorher ausgearbeiteten Plan durchgeführt wurden, alle verwertbaren Daten zur außereuropäischen Geschichte und Naturkunde registrierten: Informationen zur Tier- und Pflanzenwelt, zur Geographie und zur Lebensweise der »primitiven« Völker. Bahnbrechende Beispiele solcher wissenschaftlichen Expeditionen bereits im 18. Jahrhundert waren die Unternehmungen von Carsten Niebuhr in Arabien (1761–67), Peter Simon Pallas in Nordasien (1768–74) und James Cook im Südmeer (1768–79), über die der Aufklärer Georg Forster als Teilnehmer dieser Expedition in seiner umfänglichen »Reise um die Welt« berichtet.[109] Mit der wissenschaftlichen Erschließung anderer Kontinente gelangte ungewöhnlich viel Material über andere Zivilisationen nach Europa. Der Aufstieg der Ethnologie verdankte sich außerdem dem wachsenden Interesse an der Geschichte der Menschheit im allgemeinen und der Lebenswelt der »Wilden« im besonderen. Im »Wilden« sah man unter dem Einfluß Rousseaus lange das Urbild des natürlichen und unverdorbenen Menschen. Alle Evolutionstheorien des 19. Jahrhunderts haben ihre Wurzeln in der ethnologischen Hinwendung der Aufklärung zur außereuropäischen Welt und Zivilisation.

So kam es aus verschiedenen Interessen heraus am Ende des Jahrhunderts zur Ausbildung einer neuen Wissenschaft, der Anthropologie, die den Menschen, seine Natur, seine Geschichte, seinen Körper und seine Seele in den Mittelpunkt aufklärerischer Forschung stellte. Die Anthropologie stellte sich bewußt in den Dienst von Aufklärung und Zivilisation. Die Kenntnis seiner selbst sollte dem Menschen zu mehr Einsicht und Stärke verhelfen.

Die Inszenierung des Selbst

Die Autobiographie

Ein Charakteristikum für die Umbruchphase zwischen dem 16. und 18. Jahrhundert ist die Entstehung und permanente Zunahme von Autobiographien.[110] Sie waren allerdings nicht die einzige Form der Selbstthematisierung, gleichzeitig entwickelten sich der private Briefwechsel und vor allem das Tagebuch. Diese schriftlichen Ausdrucksmöglichkeiten waren bereits im Spätmittelalter durchaus verbreitet, doch die Formen schriftlicher Selbstthematisierung, die sich seit dem 16. Jahrhundert herausbildeten, waren von gänzlich anderer Qualität. Einen ersten Höhepunkt der Autobiographie brachte das späte 16. Jahrhundert, zu einem weiteren Höhepunkt kam es in der Aufklärungszeit am Ende des 18. Jahrhunderts.

Diese Entwicklung beschränkte sich nicht auf das Deutsche Reich, sondern erfaßte gleichermaßen vor allem Italien, Frankreich und England; die zunehmende Selbstthematisierung war ein mittel- und westeuropäisches Phänomen. Soweit bisher zu sehen ist, gab es jedoch bemerkenswerte Unterschiede, die mit der politisch-kulturellen Konstellation der einzelnen Länder Europas zu tun haben. So entwickelte sich beispielsweise in Deutschland eine starke Tradition von Lebensbeschreibungen, während in Frankreich zahlreiche Memoiren verfaßt wurden, die es in Deutschland so gut wie nicht gab. Aus England sind wiederum vor allem die auf dem Kontinent weniger verbreiteten intimen Tagebücher überliefert.

Unter den Verfassern dieser Autobiographien befanden sich einige Vertreter des Adels und des Patriziats, doch die meisten Autoren stammten aus dem städtischen Bürgertum, wenn nicht aus dem Kleinbürgertum. Die Mehrzahl der Verfasser hatte eine qualifizierte Ausbildung genossen, sie hatten zahlreiche Menschen kennengelernt und waren nicht selten viel gereist. Viele waren literarisch tätig und konnten auf eine beachtliche Karriere, zumindest auf ein reiches, wenn nicht gar erfolgreiches Leben zurückblicken. Zwar gab es durchaus Katholiken unter den Verfassern, vor allem im 16. Jahrhundert, aber die meisten waren Protestanten. Allerdings änderte sich die soziale Trägerschaft vom 16. zum 18. Jahrhundert nicht unbeträchtlich. Schrieben im 16. Jahrhundert hauptsächlich städtische Bürger und Adelige, so dominierte im 17. Jahrhundert die Geistlichkeit. Im 18. Jahrhundert waren es dann vornehmlich »bürgerliche« Schriftsteller, die zum Teil sogar aus der Unterschicht kamen. Gemeinsam war ihnen allen ein starker Aufstiegswille.[111]

Die Anlässe zur Niederschrift einer Autobiographie waren vielfältig. Viele, vor allem im 16. und 17. Jahrhundert, schrieben für ihre Familie und ihre Nachkommen. Die Texte wurden oft viel später, auf jeden Fall nach dem Tod des Verfassers publiziert. Dann gab es etliche, vor allem Gelehrte und Künstler, die sich mit ihrer Autobiographie verewigen wollten. Nicht selten veröffentlichen sie ihre Texte vor ihrem Tod, damit sie nicht verlorengingen. Andere Autoren versuchten, sich mit ihrer Autobiographie zu rechtfertigen, indem sie sich selbst oder gewisse Vorfälle ins rechte Licht rückten und ihre Orthodoxie unterstrichen. Nicht selten verbanden sie diese Interessen mit der Schilderung ihrer Leiden, die ihnen durch die Kirche oder eine andere Institution zugefügt worden waren. Nicht zuletzt kennen wir auch Verfasser, die sich durch das Schreiben und Reflektieren vor einem Publikum Klarheit über sich zu verschaffen suchten. Die Selbstreflexion stand bei ihnen im Mittelpunkt, und die Veröffentlichung erfolgte meist auf Anregung anderer.

Entsprechend den sozialen Interessen der verschiedenen Autoren glich keine Autobiographie der anderen, sie variierten nach dem Umfang und der formalen Anlage. Anfangs war die Autobiographie vielfach eingebunden in eine Familienchronik oder in eine Liste von Verdiensten und Werken. Die Gelehrtenbiographie war bereits im 16. Jahrhundert sehr verbreitet. Hinzu kommen zahlreiche Berichte vor allem aus der Unterschicht, die durch eine Beschreibung eines abenteuerlichen Lebens in erster Linie das Publikum unterhalten wollten. Vor allem aus dem 17. Jahrhundert kennen wir zahlreiche Texte, die als Rechtfertigungs- und Bekenntnis- oder Bekehrungsgeschichte zu lesen sind. Sie wollen das Publikum religiös belehren. Schließlich gab es die literarische Autobiographie, die als ein »literarisches« Werk publiziert wurde und sich vor allem der Entwicklung des eigenen Ichs widmete. In ihrer Absicht lag es nicht, über ein spannendes Leben mit vielen Höhepunkten zu berichten, sondern die komplexe Genese und Geschichte eines individuellen Lebens darzustellen.

Immer mehr Menschen schrieben über sich und ihre Geschichte, und die zum Teil langen Texte fanden ein wachsendes Publikum.[112] Die Autobiographie gehörte am Ende des 18. Jahrhunderts zu einem der bedeutendsten literarischen Genres. Der Grad der Selbstreflexion ist jeweils sehr unterschiedlich, doch allen Autoren war bewußt, daß das Selbst etwas Einzigartiges darstellt und das jeweilige Leben nur in seinem soziokulturellen Zusammenhang zu verstehen ist. Die Beschäftigung mit sich selbst, mit den Eltern, der Kindheit, der Schule und den entsprechenden Empfindungen und Gefühlen vermittelte den Verfassern Selbstvertrauen und Selbstbewußtsein. Dieser Selbstklärungsprozeß, der zumeist allein am Schreibtisch und über das Schreiben erfolgte, wurde zu einem Akt der Befreiung von der Tradition der Eltern, der Stadt oder der Kirche. Daß sich dabei alle Autoren selbst stilisierten und selten ganz ehrlich waren, ändert nichts daran, daß sie für ihr Leben einen subjektiven Sinn suchten und bestrebt waren, Rechenschaft über ihre individuelle Entwicklung zu geben, ohne unbedingt moralische Schlüsse daraus zu ziehen. Insofern stellen die autobiographischen Texte nicht Zeugnisse für die bürgerliche Emanzipation dar, die sind Ausdruck dieses Emanzipationsprozesses selbst.

Aus der Vielzahl autobiographischer Zeugnisse möchte ich auf sieben Texte näher eingehen:

Benvenuto Cellini (1500–1571) hinterließ mit dem »Leben des Benvenuto Cellini florentinischen Goldschmieds und Bildhauers von ihm selbst geschrieben« eine erste Künstlerautobiographie.[113] Sie entstand zeitgleich mit der Lebensbeschreibung von Cardano, unterschied sich aber erheblich von ihr. Publiziert erst Anfang des

18. Jahrhunderts, wurde sie vor allem durch die Übersetzung von Goethe bekannt.

Cellini führte ein bewegtes Leben. Er stammte aus einer Florentiner Handwerkerfamilie und zählte bald als Juwelier, Goldschmied, Bildhauer und Literat zu den großen und erfolgreichen Künstlern der italienischen Renaissance. Er wirkte in Florenz, Rom und Paris. Als Raufbold und Großsprecher war er in viele Affären verwickelt. Er saß sogar im vatikanischen Gefängnis und wurde einmal fast vergiftet. Er war sehr gläubig, zugleich extrem lebensfreudig und von sich so überzeugt, daß er keinen anderen Künstler tolerierte.

Seine Autobiographie ist lebendig geschrieben und heute noch lesenswert; er stellt sich als Künstler in den Mittelpunkt. Voller Naivität berichtet er von allem, was ihn bewegte: von seinen Anschauungen und Leidenschaften, seinen Gegnern und Freunden, und dies nicht unkritisch, wohl ein Grund, warum er nicht an eine Veröffentlichung seiner Autobiographie dachte, unabhängig davon, daß sie nicht vollendet wurde. Mit dieser Lebensbeschreibung versuchte er weder sich zu rechtfertigen noch sich selbst zu ergründen; es war die Erinnerung an ein angenehmes, aufregendes Leben, die er mit der Niederschrift, besser mit dem Diktat, vergegenwärtigte. Zu Beginn heißt es: »Alle Menschen, von welchem Stand sie auch seien, die etwas Tugendsames oder Tugendähnliches vollbracht haben, sollten, wenn sie sich wahrhaft guter Absichten bewußt sind, eigenhändig ihr Leben aufsetzen, jedoch nicht eher zu einer so schönen Unternehmung schreiten, als bis sie das Alter von vierzig Jahren erreicht haben. Dieser Gedanke beschäftigt mich gegenwärtig, da ich im achtundfünfzigsten stehe und mich hier in Florenz mancher vergangenen Widerwärtigkeiten wohl erinnern mag, da mich nicht, wie sonst, böse Schicksale verfolgen und ich zugleich eine bessere Gesundheit und größere Heiterkeit des Geistes als in meinem ganzen übrigen Leben genieße. Sehr lebhaft ist die Erinnerung manches Angenehmen und Guten, aber auch manches unschätzbaren Übels, das mich erschreckt, wenn ich zurücksehe, und mich zugleich mit Verwunderung erfüllt, wie ich zu einem solchen Alter habe gelangen können, in welchem ich so bequem durch die Gnade Gottes vorwärts gehe.

Unter solchen Betrachtungen beschließe ich, mein Leben zu beschreiben.«[114]

Diese Selbstbiographie stellt einen geschlossenen Lebensentwurf dar, keine Chronik, sondern eine »realistische« Schilderung von Personen und Handlungen, in deren Mittelpunkt die Größe und das Wirken des Autors selbst stehen. Cellini ist bar jeden Selbstzweifels, er ist selbstsicher und liebt sein Leben. Sein individuelles Leben offenbart sich als ein einheitliches Kunstwerk und Produkt einer »Souveränität des Selbstgefühls«[115].

Hermann von Weinsberg (1518–1598) hat die wohl umfänglichste Autobiographie des 16. Jahrhunderts hinterlassen (insgesamt rund 5000 Folioseiten), die erst spät – und unvollständig – unter dem Titel »Das Buch Weinsberg« in fünf Bänden (1886–1926) ediert wurde. Hermann von Weinsberg war katholisch und stammte aus einer Kölner Ratsfamilie. Er hatte eine vorbildliche Erziehung erhalten und schloß sein Studium in seiner Heimatstadt mit dem Lizenziat ab. Er wirkte als Advokat und wurde früh in den Rat gewählt, wo er zeitlebens verschiedenste Ämter ausübte. Nebenbei betrieb er einen Weinhandel und seine Frau einen von ihm unabhängigen Tuchhandel. Er führte ein vergnügtes Leben, das allerdings nicht den Erwartungen seines Vaters, der von ihm eine größere politische Karriere erwartete, entsprach; er war nicht sonderlich ehrgeizig, seine städtischen Aufgaben füllten ihn nicht aus, so daß er Zeit fand, über sich und sein Leben »nachzudenken«, allerdings weniger aus Selbstzweifel, Rechtfertigungszwang oder aus Drang, sich zu verewigen. Er wollte vor allem seiner Familie ein Denkmal setzen und ein Werk schaffen, das Vergangenes festhält; deswegen stellt sein »Gedenkbuch«, wie er es selbst nennt, eine Verbindung von Familienchronik, Weltgeschichte und Selbstbiographie dar.

Was er erlebt hatte, war nicht exzeptionell, sein Leben war weder bewegt noch ungewöhnlich, dennoch stellte er es in den Mittelpunkt. Für das 16. Jahrhundert außergewöhnlich war Weinbergs Kritik an den allgemeinen Geschichtswerken der Zeit, daß solche Personen wie er selbst nicht erwähnt und beschrieben würden. Entsprechend rechtfertigte er sich 1580: »Niemand wolle mir verargen, daß ich von geringen Leuten, Schwestern, Brüdern,

Freunden, Nachbarn, Bürgern, Bauern, Gesellen, von häuslichen, schlichten, kindischen Dingen und von mir selbst viel schreibe, denn wer soll es tun, wenn wir es nicht täten? Bei Chroniken, Poeten und so weiter wird man nichts von uns finden, drum, wenn mein Buch verwahrt und nachgeschrieben wird, werden unsre Nachkommen von uns auch etwas zu sagen wissen, sonst wären wir, als wären wir nie gewesen.«[116] Das Interesse an sich selbst ist bei Weinsberg schwer zu ergründen, es entsprang weder einer modernen philosophischen Fragestellung, wie sie Cardano leitete, noch einem religiösen Interesse, das göttliche Wirken nachzuzeichnen, sosehr die Verbindung zur devotio moderna eine Rolle spielte. Seine Selbstbeobachtung ist sehr präzise und vollständig. Er schreibt ausführlich über das Verhältnis zu seinem Vater und zu seiner Frau, gibt einen Einblick in seine private Welt und seine Geschäfts- und Verwandtschaftsbeziehungen. Im Vordergrund steht die Analyse seines Charakters, wobei er sich nicht scheut, auch seine negativen Eigenschaften zu schildern. Ebenso stark ist das Interesse an seinem Körper und seiner äußeren Erscheinung. Seine Reflexionen verweisen auf einen Habitus, der sich zusehends aus der traditionellen Welt des Mittelalters befreit, ohne aber seinen katholischen Glauben aufzugeben und sich wie Montaigne als Subjekt außerhalb von Zeit und Raum zu stellen. Dabei bewahrte er wie Cellini ein großes Maß an Lebensfreude, zu der auch das Schreiben gehörte. Er wollte weder sich großtun noch sich entschuldigen.

Im 17. Jahrhundert änderten sich die Grundzüge der Autobiographik. Eine typische französische Autobiographie dieser Zeit stellt das Memoirenwerk des Kardinals de Retz dar.[117] Wie die Grenze zwischen Autobiographie und Familienchronik (Weinsberg) im 16. Jahrhundert nur schwer zu ziehen ist, sind auch Autobiographien schwer von Memoiren zu unterscheiden, die es als eigenständiges Werk erstmals seit dem 17. Jahrhundert gibt. Memoiren sind zumeist von bekannten Politikern zur Rechtfertigung oder Anklage geschrieben worden, in denen sie ihre Aktivitäten und Ansichten über ihre Zeit mitteilten. Die Memoiren von Retz stellen das bekannteste, wenn nicht berühmteste Beispiel dieser Zeit dar.

Jean François Paul de Retz (1614–1679) kam aus dem französischen Adel und machte als katholischer Geistlicher eine große politische Karriere. 1652 wurde er Kardinal und 1654 Erzbischof von Paris. Bekannt wurde er als entschiedener Gegner Mazarins und, zusammen mit Condé, als Anführer der Adelsfronde. Er war ein geborener Verschwörer. Nach der Niederlage der Fronde verlor er die erzbischöfliche Würde, blieb aber Berater von Ludwig XIV. Er war hochintelligent, weltmännisch – Geistlicher wurde er nur aus machtpolitischen Interessen –, machtbewußt und zugleich ein großer und brillanter Schriftsteller.

Die Bedeutung seiner fünfbändigen Memoiren, die erst 1717 erschienen, dann aber eine große Leserschaft fanden, gründet allgemein weniger in einer Analyse seines Ichs und individuellen Werdegangs und Charakters, sondern in der Beschreibung seiner Person als Politiker und Akteur der Fronde; als solcher legte er seine Beweggründe offen und analysierte seine Strategien, wobei er vor keinem Mittel zurückschreckte. Darüber hinaus skizzierte er eine Reihe von trefflichen Porträts seiner Zeitgenossen und Gegenspieler, wobei er sich als großer Menschenkenner erwies, der aus Handlungen und Anekdoten scharfe und unverwechselbare Porträts entstehen ließ. Es handelt sich um literarische Skizzen, die die Menschen nicht mehr heroisierten, sondern so zu schildern versuchten, wie sie mit ihren Stärken und Schwächen wirklich waren. Diese neue Porträtkunst des 17. Jahrhunderts erreichte mit Retz ihren Höhepunkt. Nicht als neutraler Beobachter der Gesellschaft, sondern als aktiver Mitgestalter, der seine Interessen nie aus dem Auge verlor, vermittelte er eine Anatomie der Machtverhältnisse vor Ludwig XIV. Die Memoiren sind heute noch lesenswert als Zeugnis einer Mischung von »künstlerisch gestaltender Phantasie und diplomatisch schielendem Verstand« (Misch).

Geradezu ein Gegenstück zu den Memoiren des Kardinals de Retz bildet die Autobiographie des puritanischen Predigers John Bunyan. Nicht die »äußere« Welt steht bei ihm im Vordergrund, sondern die Geschichte der menschlichen Seele. Die »Überfließende Gnade« (1666) (Grace Abounding) des englischen Puritaners wurde als ein episches Kunstwerk gefeiert und fand als erste große Seelengeschichte (nach Augustinus) zahlreiche Leser, nicht nur in England.[118]

John Bunyan (1628–1688) stammte aus kleinen Verhältnissen und lebte als Kesselflicker in Bedford. Nach seiner Bekehrung und einem intensiven Bibelstudium begann er in nonkonformistischen Versammlungen mit wachsendem Erfolg zu predigen. Er bekämpfte entschieden die Quäker (Inspiration) und wurde bei der Restauration für über zwölf Jahre ins Gefängnis gesteckt. Hier schrieb er nicht nur seine Autobiographie, sondern auch sein Hauptwerk, den in 70 Sprachen übersetzten »Pilgrims Progress« (1678). Bunyan wurde der bekannteste Erbauungsschriftsteller des englischen puritanischen Pietismus.

Seine Autobiographie »Überfließende Gnade« beschreibt die Geschichte seiner Bekehrung von der Gottlosigkeit zu einem Leben unbedingter Christlichkeit. Den Anstoß zur Bekehrung gaben Kreise kleiner Leute, zu denen auch seine Frau zählte. Sie erfolgte nicht von einem Augenblick zum nächsten, sondern über eine längere Zeit hinweg im Laufe der Jahre 1649 bis 1655, wobei er alle Höhen und Tiefen des Lebens erlitt. Die »Überfließende Gnade« steht in der Nachfolge der Confessiones von Augustinus und wurde Vorbild vieler Bekehrungsgeschichten auch des deutschen Pietismus. Sie ist für Laien und kleine Leute geschrieben und analysiert für jeden engagierten Christen nachvollziehbare innere Zustände des Gläubigen. Darin gründet ihre große Wirkung. Sie wendet sich an das Gemüt der Menschen und ist äußerst schlicht geschrieben. Ihre Ehrlichkeit nimmt den Leser gefangen. In der Vorrede heißt es: »Ich hätte in einem viel höheren Stil einherschreiten können, als der ist, in welchem ich hier rede, und ich hätte alle Dinge mehr ausschmücken können, als mir's hier gut schien. Aber ich unterfange mich dessen nicht. Gott spielte nicht mit mir, wie er mich versuchte, noch spielte ich, als ich wie in eine bodenlose Tiefe sank, als die Höllenqualen mich ergriffen. Deshalb mag ich nicht spielen, indem ich davon berichte, sondern schlicht und einfach sein und das Ding hinlegen, so wie's gewesen ist. Wer's gern hat, soll's nehmen, wer nicht, soll's besser machen.«[119]

Die wohl einflußreichste und meistgelesene Autobiographie des 18. Jahrhunderts stammt von Jean-Jacques Rousseau (1712–1778), dem bekannten französischen Schriftsteller und Aufklärer. Seine

»Bekenntnisse«, die er zwischen 1765 und 1770 schrieb, erschienen nach seinem Tod 1782.[120]

Rousseau, der in Genf als Sohn eines Uhrmachermeisters geboren wurde, wuchs ohne Mutter auf und verließ schon früh das Elternhaus, ohne je wieder eine sichere Bleibe zu finden. Er konvertierte zum Katholizismus, von dem er sich später aber wieder löste, lebte in Savoyen, in Paris, in Venedig, dann wieder in der Schweiz, in Paris und für kurze Zeit auch in England. Er machte eine bedeutsame Karriere, lernte Voltaire, d'Alembert, vor allem Diderot kennen, überwarf sich aber mit allen. Weltruhm erlangte er mit seinen Romanen »Die neue Héloise« und »Emile« sowie mit seiner politischen Programmschrift: »Der Gesellschaftsvertrag«. Die Rückkehr zur Natur wurde sein Programm. Rousseau war ein brillanter »sentimentaler« Schriftsteller, dessen »Gefühlskult« weite Kreise affizierte. Seine analytischen Fähigkeiten waren beachtlich, aber nicht minder seine Selbstversessenheit, der wir seine große Autobiographie verdanken.

Keiner hat im 18. Jahrhundert sein Ich, sein Leben, sein Empfinden und seine Wahrnehmung so in den Mittelpunkt der eigenen Beschäftigung gestellt wie Rousseau. Sein radikaler Subjektivismus brach mit allen Traditionen, ständischen, höfischen, kirchlichen wie religiösen. Als Mittelpunkt seines Lebens enthüllte er das eigene Ich: »Der eigenste Zweck meiner Bekenntnisse besteht in dem Wunsche, genau mein Inneres in allen Umständen meines Lebens zu enthüllen. Ich habe die Geschichte meiner Seele versprochen, und um sie getreulich zu schreiben, bedarf es keiner anderen Hilfsmittel, ich brauche nur, wie ich es auch bis hierher getan, tief in mich selbst zu blicken.«[121] Zu Beginn des ersten Buches heißt es: »Ich plane ein Unternehmen, das kein Vorbild hat und dessen Ausführung auch niemals einen Nachahmer finden wird. Ich will vor meinesgleichen einen Menschen in aller Wahrheit der Natur zeigen, und dieser Mensch werde ich sein. – Einzig und allein ich. Ich fühle mein Herz – und ich kenne die Menschen. Ich bin nicht gemacht wie irgendeiner von denen, die ich bisher sah, und ich wage zu glauben, daß ich auch nicht gemacht bin wie irgendeiner von allen, die leben. Wenn ich nicht besser bin, so bin ich doch wenigstens anders. Ob die Natur gut oder übel daran getan hat, die Form zu zerbrechen, in der sie mich gestaltete, das wird man nur beurteilen können, nachdem man mich gelesen hat.«[122] Sicherlich berichtete Rousseau auch von seiner Umwelt, von anderen Menschen, von politischen und kulturellen Begebenheiten, aber im Mittelpunkt stand die Einmaligkeit seines Gefühlslebens, die Beschreibung seiner Empfindungen. Er war ebenso introvertiert wie Bunyan, aber zugleich absolut säkularisiert, außerhalb seiner selbst und seiner Gefühle gab es keine Maßstäbe, auch lebte er nur für sich selbst. Seine Kinder gab er ins Findelhaus, und sein schlechtes Gewissen hielt sich in Grenzen. Rousseau stilisierte sich zur außergewöhnlichen, genialen, aber zugleich am Rande der Gesellschaft stehenden Persönlichkeit.

Die zweite spirituelle Autobiographie des 18. Jahrhunderts mit allerdings geringerer internationaler Wirkung stammt von dem Deutschen Karl Philipp Moritz (1756–1793).[123] Sein »Anton Reiser« erschien in vier Teilen zwischen 1785 und 1790 als ein erster autobiographischer psychologischer Roman.[124]

Moritz stammte aus einem von religiösen Konflikten geprägten Elternhaus. Nach einer Hutmacherlehre und dem Besuch eines Gymnasiums in Hannover wollte er Schauspieler werden, studierte dann aber Theologie. Rasch machte er Karriere als Gymnasialprofessor im Grauen Kloster zu Berlin und unterhielt vielfältige Kontakte zur Berliner Aufklärung. Er gab seinen Beruf auf, reiste nach England und Italien, wo er Goethe kennenlernte, und wurde mit dessen Unterstützung in Berlin Professor der Theorie der schönen Künste, starb aber bereits als 37jähriger. Bekannt wurde er durch seinen »Anton Reiser«, bedeutend war er aber auch als Herausgeber der ersten psychologischen Zeitschrift in Deutschland: »Magazin zur Erfahrungsseelenkunde«.

Obwohl »Anton Reiser« als Roman erschien, handelt es sich um eine Autobiographie. Bewußt schuf Moritz die Figur des Anton Reiser, um so Distanz von seiner eigenen Person zu gewinnen und sie besser beobachten zu können. Bedeutung gewann die Autobiographie durch drei besondere Merkmale: Einmal ist sie ungewöhnlich offen; ohne jede Eitelkeit versuchte Moritz, die Entwicklung seiner Seele aufzudecken – in einem fast nüchternen, wissenschaftlich analytischen Stil. Dann thematisiert sie erstmals ausschließlich seine Kindheit und Jugend, also die Zeit seiner »Entwicklung«; mit »Anton Reiser« erhielt der deutsche Entwicklungsroman eine neue Qualität. Schließlich vollzog sich in »Anton Reiser« eine Säkularisierung der pietistischen Selbstanalyse. Das Motiv zur Selbstthematisierung waren nicht mehr religiöse Gründe, sondern psychologisches Interesse. Das Schreiben war für Moritz ein Akt der Selbstbefreiung. Im Vorwort konstatierte er nüchtern: »Dieser psychologische Roman könnte auch allenfalls eine Biographie genannt werden, weil die Beobachtungen größtenteils aus dem wirklichen Leben genommen sind. – Wer den Lauf der menschlichen Dinge kennt, und weiß, wie dasjenige oft im Fortgange des Lebens sehr wichtig werden kann, was anfänglich klein und unbedeutend schien, der wird sich an die anscheinende Geringfügigkeit mancher Umstände, die hier erzählt werden, nicht stoßen. Auch wird man in einem Buche, welches vorzüglich die innere Geschichte des Menschen schildern soll, keine große Mannigfaltigkeit der Charaktere erwarten: denn es soll die vorstellende Kraft nicht verteilen, sondern sie zusammendrängen, und den Blick der Seele in sich selber schärfen. – Freilich ist dies nun keine so leichte Sache, daß gerade jeder Versuch darin glücken muß – aber wenigstens wird doch vorzüglich in pädagogischer Rücksicht, das Bestreben nie ganz unnütz sein, die Aufmerksamkeit des Menschen mehr auf den Menschen selbst zu heften, und ihm sein individuelles Dasein wichtiger zu machen.«[125]

Auch Moritz schrieb seine Autobiographie nicht für seine Nachwelt, noch ging es ihm darum, sich politisch oder religiös zu rechtfertigen. Mit seiner Selbstanalyse wollte er einen pädagogischen Beitrag zur Selbsterhellung des Menschen leisten, das individuelle Leben, auch wenn es unspektakulär ist, ernst nehmen. Diesem Ziel diente auch sein »Magazin«, das vornehmlich Selbstzeugnisse brachte; es nahm spätere Erkenntnisse der modernen Individualpsychologie vorweg.

Die letzte Autobiographie, die schließlich ins 19. Jahrhundert führt, stammt von Johann Wolfgang von Goethe (1749–1832). Sein Werk »Dichtung und Wahrheit« (1811–1823) nimmt die verschiedensten Traditionen auf, es ist Künstlerbiographie und Entwicklungsroman zugleich.

Goethe führte bekanntermaßen ein erfolgreiches öffentliches Leben, und sein literarisches Werk fand größte Anerkennung. Er entstammte einer Frankfurter Patrizierfamilie und wurde nach dem Studium in Leipzig und Straßburg Geheimrat in Weimar. Unter seiner Regie stieg Weimar zum kulturellen und literarischen Zentrum Deutschlands auf. Mit allen seinen Werken hatte er Erfolg, mit »Werthers Leiden«, mit dem »Wilhelm Meister« wie mit dem »Faust«.[126] Es gab kaum einen Schriftsteller des späten 18. Jahrhunderts, der nicht mit Goethe in Kontakt trat. Neben seinen landespolitischen und literarischen Aktivitäten betätigte er sich als Naturforscher. Seine Farbenlehre wie seine botanischen Studien waren ihm zeitweise sogar wichtiger als sein literarisches Werk.

Seine Autobiographie ähnelt in ihrer Struktur vielen Selbstbeschreibungen seiner Zeit, unterscheidet sich von ihnen jedoch durch eine starke Selbststilisierung. Grundlegend für das Verständnis der Autobiographie sind drei Punkte: Einmal interessierte Goethe sein ganzes Leben; neben Kindheit und Jugend ging es ihm um eine Rekonstruktion der gesamten Weimarer Zeit. Wenn »Dichtung und Wahrheit« mit dem 26. Lebensjahr endet, ist dies letztlich »willkürlich«, hinzugenommen werden müssen auch die anderen autobiographischen Texte und die Reisebeschreibungen. Allerdings ging es in diesen Selbstdarstellungen nicht mehr um die »freie« Selbstverwirklichung, sondern um den »Konflikt« mit der Welt. Zum anderen thematisierte Goethe nicht nur sein literarisches Schaffen, sondern gleicherweise seine landespolitischen Aktivitäten sowie seine Forschertätigkeit; es handelt sich also um keine reine Künstler- oder Gelehrtenautobiographie. Zentral war für Goethe vor allem die Verquickung von Ich und Welt; wie er in die Welt des 18. Jahrhunderts hineinwuchs, von ihr geprägt wurde und sich in ihr verwirklichte. Im Vorwort heißt es: »Denn dieses scheint die Hauptaufgabe der Biographie zu sein, den Menschen in seinen Zeitverhältnissen darzustellen, und zu zeigen, inwiefern ihm das Ganze widerstrebt, inwiefern es ihn begünstigt, wie er sich eine Welt- und Menschenansicht daraus gebildet, und wie er sie, wenn er Künstler, Dichter, Schriftsteller ist, wieder nach außen abgespiegelt. Hierzu wird aber ein kaum Erreichbares gefordert, daß nämlich das Individuum sich und sein Jahrhundert kenne, sich, in wiefern es unter allen Umständen dasselbe geblieben, das Jahrhundert, als welches sowohl den willigen als unwilligen mit sich fortreißt, bestimmt und bildet, dergestalt, daß man wohl sagen kann, ein Jeder, nur zehn Jahre früher oder später geboren, dürfte, was seine eigene Bildung und die Wirkung nach außen betrifft, ein ganz anderer geworden sein.«[127] Goethe verstand seine Sozialisationsgeschichte als Paradigma des Zusammenwirkens von Ich und Welt. »Der Mensch kennt nur sich selbst, in sofern er die Welt kennt, der er nur in sich und sich nur in ihr gewahr wird.«[128] (1823)

Mit Rousseau und Goethe hatte sich die autobiographische Aufzeichnung ganz von religiösen Bezügen befreit. Es ging nicht mehr darum, eine vorbestimmte Rolle wahrzunehmen oder Gottes Weg zu gehen als wandelndes Beispiel göttlicher Gnade, sondern eigenverantwortlich zu leben und in Auseinandersetzung mit der Welt einen eigenen, individuellen Weg zu finden. Die Erziehung und Bildung wurden zum Gradmesser des »bürgerlichen« Lebens.

Das Tagebuch

Das 18. Jahrhundert bildete einen Höhepunkt der Selbstreflexion. In den Autobiographien fand sie ein weites Feld. Daneben gab es andere Formen, sich zu präsentieren, darzustellen und zu analysieren, vor allem das Tagebuch.[129] Während die Autobiographie zumeist den Versuch einer Gesamtinterpretation des eigenen Lebens bietet, bringt das Tagebuch Notizen der einzelnen Tage, Reflexionen und Beobachtungen, aus denen sich nie ein Ganzes ergibt. Oft sind sie aber unmittelbarer und intimer als die Lebenserinnerung.

Über die Tagebücher der frühen Neuzeit ist bisher kaum geforscht worden, abgesehen von denjenigen bekannter Persönlichkeiten. Dabei gibt es Tagebücher seit dem Spätmittelalter; sie entwickelten sich aus der Chronistik und sind wie die Autobiographien von verschiedenem Duktus und höchst unterschiedlich angelegt. In unserem Zusammenhang interessieren die »privaten« Tagebücher, in denen der Autor sein Leben und Werk thematisiert. Auch hier unterscheiden wir Tagebücher, deren Notizen zur Gedächtnisentlastung dienen, von Texten, in denen die Autoren reflexiv mit sich umgehen, entweder aus religiösen oder »intimen« Gründen. Zwar liegen schon aus dem 16. Jahrhundert einige Tagebücher vor, aber die aussagekräftigsten finden sich erst im 17. Jahrhundert. Tagebücher sind wie Selbstbeschreibungen nicht per se Zeugnisse der Selbstreflexion, sosehr die Tatsache, ein Tagebuch zu führen, bereits bemerkenswert ist. Nur ein geringer Teil ist für die Geschichte der Selbstthematisierung aufschlußreich.

Die meisten Autoren von Tagebüchern entstammen der oberen oder mittleren sozialen Schicht. Außer einigen Adligen waren die meisten Verfasser Geistliche und Beamte, denen das alltägliche Schreiben wichtig war oder zumindest Vergnügen bereitete, wohingegen die Unterschicht nur schwach vertreten ist.

Eines der frühesten Tagebücher stammt von einem unbekannten Pariser Bürger (1405–1449), der Tag um Tag anhand von Einzelheiten den Wandel des französischen Staates gegen Ende des Hundertjährigen Krieges festhält.[130] Er bekundet ein dramatisches Zeitgefühl und ein erstes subjektives Empfinden für den Wandel aller Dinge. Es handelt sich eigentlich um ein politisches Tagebuch.

Ganz auf seine innere religiöse Erfahrung konzentriert sich Ignatius von Loyola (1491–1556), der Gründer des Jesuitenordens in seinem »Geistlichen Tagebuch« von 1544[131]: Es berichtet von Visionen und dient ihm zur Selbstkontrolle und Gewissenserforschung. Veröffentlicht wurde es später als Zeugnis eines Heiligen, als Vorbild für Geistliche und zur Heiligkeit strebende Menschen: »Als ich so in die Kapelle trat, überkam mich eine große Andacht zur Heiligen Dreifaltigkeit, eine sehr starke Liebe und innige Tränen. Ich konnte nicht wie an den vergangenen Tagen die unterschiedenen Personen schauen, sondern verspürte nur wie in einer lichten Klarheit die eine Wesenheit. Es zog mich ganz zu ihrer Liebe an.«[132]

Das erste ausführlich über heute als intim geltende Lebensbereiche berichtende Tagebuch, von dem wir Kunde haben, hinterließ der esoterische Philosoph, Mathematiker und Astrologe Dr. John Dee (1527–1608) aus England.[133] Bemerkenswert sind nicht nur die präzisen Zeitangaben, sondern seine Berichte über alltägliche Erfahrungen und Träume. Zum 8. März 1581 schrieb er: »Samstag nacht träumte mir, ich sei tot und meine Eingeweide würden ausgenommen. Doch ging ich und sprach mit verschiedenen Leuten, so unter anderem auch mit dem Schatzkanzler, der zu mir ins Haus gekommen war, um nach meinem Tode meine Bücher zu verbrennen; mir war es, als sehe er mich erbittert an.«[134]

In humanistischer Tradition stehen die »Ephemerides« des frommen Genfer Gelehrten Isaak Casaubonus (geschrieben 1597–1614), der später in Oxford lebte. Als Verehrer von Seneca suchte er ein erfülltes und beständiges Leben, das er einer strengen Kontrolle unterwarf. Am 11. April 1597 etwa schrieb er: »Ich werde also deinem Rate folgen, verehrter Weiser, und mich nicht in die Gefahr begeben, daß man sagen könnte, ich hätte mein Leben durch Unbeständigkeit gekürzt. Sicher ist ja, daß das ganze Leben zu kurz ist, um sich in uferlosen Hoffnungen zu verlieren. Wenn es so ist, und wenn gute Gründe mich zu einer Veränderung bewegen könnten, so weißt Du, mein Gott, welche Studien mir am meisten am Herzen liegen: seit langem hat mich ein starker Wunsch getrieben, mich ganz der Literatur hinzugeben, denn nur in ihr sind alle Wahrheiten enthalten. Nur diese machen unsterblich. Nur diese vereinen mit Gott. Und, verpflichtet wie ich bin der göttlichen Güte, und zwar durch tägliche Geschenke, was kann ich ihr als Gegenleistung anbieten, wenn nicht: mich selbst. Und dazu noch eins: während ich diese Überlegungen anstelle, erhalte ich ein neues Geschenk des allgültigen Vaters: heute brachte, gegen fünf Uhr, meine liebe Frau ein weiteres Kind auf die Welt; unsere Familie wurde um ein kleines Mädchen vermehrt.«[135]

Das wohl interessanteste Tagebuch des 17. Jahrhunderts stammt von Samuel Pepys (1633–1703), einem englischen Beamten, der rasch Karriere machte. Als Generalsekretär der britischen Admiralität hatte er Zugang zum Hofleben, nahm aktiv am öffentlichen Leben Londons (Theater, Kirchen) teil und kannte zahlreiche Gelehrte. Später wurde er Abgeordneter des Parlaments sowie Präsident der Royal Society. Pepys bekannte sich zum Puritanismus, was ihn aber nicht daran hinderte, mit vollem Genuß ein weltliches Leben zu führen. Als Beamter schrieb er alles auf, suchte überall Ordnung herzustellen, im öffentlichen wie in seinem Privatleben. Sein neunbändiges »Geheimtagebuch« (1660–1669) stellt das erste private, ja intime Tagebuch der Neuzeit dar, in dem die Schilderung des »Privtlebens« absolut zentral ist.[136] Pepys war ein großer Beobachter, der ausführlich seine Interessen und Abneigungen und seine Leidenschaften beschrieb. Er vermittelte einen lebendigen Einblick in sein häusliches Leben und schilderte alle Personen, die er kannte. Eine große Rolle spielte in seinem Leben seine Frau, und häufig lesen wir von ihren Auseinandersetzungen und anschließenden Versöhnungen: »Heute abend fiel mir auf, daß meine Frau sehr trübsinnig war. Als ich zu Bett ging, dachte ich wie gewöhnlich, meine Frau würde nachkommen, stellte aber fest, daß sie neue Kerzen und Feuerholz holte, es war sehr kalt. Als ich sie mehrmals bat, doch ins Bett zu kommen, wurde sie plötzlich von einem Wutanfall gepackt, ich sei ein Schuft und betrüge sie. Ich merkte aber, daß sie keinen richtigen Anlaß hatte, erfand bloß eine Situation, in der sie mich in einer geschlossenen Kutsche mit Deb gesehen haben will. Etwa um ein Uhr kam sie an meine Seite des Bettes, riß den Vorhang auf und fuchtelte mit der glühenden Feuerzange, als ob sie mich damit kneifen wollte. Erschrocken sprang ich auf, worauf sie sich nach einigen beruhigenden Worten wieder hinlegte. Nachher plauderten wir noch lange vergnügt, es war nur die Angst, weil ich gestern fort war, ohne ihr etwas zu sagen« (12.1.1669).[137] Ein sich rasch verschlimmerndes Augenleiden zwang ihn 1669, das Tagebuchschreiben einzustellen: »Und so beschreite ich denn diesen Weg, was bedeutet, daß ich mich fast meinem eigenen Grab entgegengehen sehe, für das und für alle Trübsal, die im Gefolge meiner Blindheit kommen wird, Gott in seiner Güte mich vorbereiten möge.«[138]

Sein Tagebuch aber ist eine kostbare Hinterlassenschaft – es schildert Skandalöses und Provozierendes und skizziert eine Welt, die keineswegs nur durch Sittenstrenge gekennzeichnet ist.

Waren es im 16. und 17. Jahrhundert letztlich nur einige wenige Männer und Frauen, die ein Tagebuch führten, die zudem mit wenigen Ausnahmen dem Muster einer chronikhaften Überlieferung folgten, änderte sich dies im 18. Jahrhundert grundlegend. Es kam quantitativ wie qualitativ zu einem bedeutsamen Aufschwung der Tagebuchkultur. Grundlegend dafür war neben der ständigen Zunahme des Schreibunterrichts in bürgerlichen Kreisen vor allem das verstärkte Bedürfnis nach Selbstreflexion und Selbstbeobachtung, das durch Puritanismus/Pietismus und Aufklärung geweckt und gefördert wurde. Verlangte der Pietismus eine permanente Gewissensprüfung, für die ein kontinuierlich geführtes Tagebuch ein ideales Werkzeug war, erstrebten die Aufklärer eine regelmäßige Selbstbesinnung als wirksames Mittel zur Läuterung der Sitten. Das Tagebuchschreiben war eigentlich ein privater, individueller Akt, das betonte jeder Schreiber; dennoch wurde es häufig im Freundeskreis vorgelesen. Im Pietismus wurde die Lektüre des Tagebuches Teil gemeinsamer Andachtsübung. Nicht wenige Aufklärer sahen darin allerdings einen religiösen Selbstbetrug.

Eines der bekanntesten Tagebücher stammt von dem schon erwähnten Philipp Matthäus Hahn (1739–1790), einem pietistischen Pfarrer, der zugleich religiöser Schriftsteller, Erfinder und Unternehmer war. Hahn war ein sehr frommer, aber komplizierter Mann mit den verschiedensten weltlichen Interessen, ungewöhnlich arbeitsam und überzeugt, daß er ein Kind Gottes sei, das wußte, was evangelische Wahrheit und Tugend heißt.

In seinem Tagebuch berichtet er ausführlich über seine alltäglichen weltlichen Geschäfte und seine Aufgaben als Pfarrer, über seine Bekannten, Besucher und Freunde. Insbesondere geht er auf die Beziehung zu seinen beiden Ehefrauen ein und scheut sich nicht, intime Probleme anzusprechen, was für einen Pietisten ungewöhnlich ist. »Zu Zeiten, wenn ich im Fleisch versuncken bin, freue ich mich auf die Zeit meiner zweyten Verehelichung. Wann ich aber im Geist triumphire, so schäme ich mich dieser thierischen Empfindungen aus Ansicht der Heiligkeit Jesu. War nicht etwa dieses eben das Gefühl, das Adam und Eva fühlten, als sie sich nackend fühlten? Wir solten nicht wissen, daß wir nackend waren. Wir solten nicht wissen, das wir einen solch thierischen Fleischesleib hätten, der unser wahres Kleid nicht ist« (23.10.1775).[139] Als seine erste Frau gestorben war und er sich erneut verheiraten wollte, erwog er akribisch die Vor- und Nachteile der neuen Eheschließung. Die zweite Ehe erwies sich ebenfalls als problematisch, weil auch die zweite Frau sich nicht seiner geistlichen Führung fügen wollte. Hahns sehr genau geführtes Tagebuch ist nicht das Produkt einer religiösen Auseinandersetzung, eines nicht bewältigten Sündenbewußtseins, die Selbstanalysen halten sich in Grenzen. Was Hahn zum Schreiben eines Tagebuchs veranlaßte, war der Wunsch, von sich selbst als Christ Rechenschaft abzulegen. Zugleich war das Schreiben aber auch ein Ventil seines rastlosen Tätigkeitsdrangs.

»Mich wolte gestern sehr reuen, daß ich zwei Paar seidenen Strümpfe und ein Paar wollene gekauft habe. Wie sehr hängt das Irdische an dem Hertzen. Wenn ich es hätte ungeschehen machen, so hätte ich es gethan. Indessen das Herr Motz seinen Schulmeister geschickt von Oberriexingen, mit dem ich viel reden konte, weil er ein ofenes Ohr hatte, so sagte ich auch unter anderem, ich sehe wohl, das ich auch den Wiederwillen zu kostbaren Kleidern überwinden müsse zum Nutzen des Reichs Gottes, um etwa bey den Hohen Ingress zu haben auf zerschiedene Fälle, wo man solches zum Nutzen der Wahrheit brauchen kan« (14.2.1773).[140]

Geradezu modisch wurde das Tagebuchschreiben im letzten Drittel des 18. Jahrhunderts, in der Zeit der Empfindsamkeit. Wurden seelische Vorgänge bis dahin fast ausschließlich im Bereich des Religiösen und Moralischen thematisiert, steht nun die Untersuchung und Analyse des natürlichen Gefühlslebens, die alltägliche Empfindung im Vordergrund. Alle Regungen und Stimmungen des Herzens werden Tag für Tag auch in säkularisierten Kreisen beobachtet und registriert. Die Selbstanalyse mündet ein in eine psychologische Beschreibung des Selbst. Bei aller nicht unberechtigten aufklärerischen Kritik an dieser Art von Selbstbespiegelung darf aber ihre Bedeutung vor allem für die Erfahrungsseelenkunde nicht verkannt werden. Die Tagebücher lieferten erste Materialien für eine psychologische Analyse.

Von vorbildlicher Bedeutung wurden in diesem Bereich die Untersuchungen und Beobachtungen des Schweizers Lavater. Bereits vor seinen »Physiognomischen Fragmenten« (1775–1778) hatte er sein »Geheimes Tagebuch. Von einem Beobachter seiner Selbst« und 1775 die »Unveränderten Fragmente aus dem Tagebuch eines Beobachters seiner Selbst« veröffentlicht. Diese Tagebücher thematisieren keine Beobachtungen der äußeren Lebenswelt mehr, statt der täglichen Vorkommnisse werden allein die Empfindungen und Gefühle vermerkt. Es heißt beispielsweise 1770: »Einmal muß ich es doch wissen, wie mein Herz beschaffen ist, einmal muß ich es doch bey mir selbst ausmachen, wie ich mit Gott, meinem Schöpfer, stehe; [...] sagen, ausdrücklich heraussagen will ich mir selber, wie ich mich finde; ich will mich selbst vor den Richterstuhl der Wahrheit und des Gewissens fordern und mein Herz in dem Namen meines Gottes und Heilandes Jesu Christi, des wahrhaften, gerechten und heiligen Weltrichters zur Rechenschaft ziehen.«[141]

Das vielleicht umfassendste wie auch »modernste« Tagebuch des späten 18. Jahrhunderts stammt von einem Schotten, von James Boswell (1740–1795), einem Rechtsanwalt und Schriftsteller, der in Edinburgh und London lebte.[142] Er führte ein abwechslungsreiches Leben, war lebenslustig und wissensdurstig, lernte Sterne und Rousseau kennen und bekehrte sich heimlich zum Katholizismus. Bekannt wurde er zunächst durch eine Biographie über seinen Freund Dr. Johnson. Es ist dies eine erste kritische und moderne Biographie, von der er selbst überzeugt war, daß sie das »vollkommenste« sei, »was bisher auf diesem Gebiet versucht wurde. Meine Lebensbeschreibung wird nicht nur Leben beschreiben, sie wird Leben atmen.«[143] Grundlage dieser Biographie bildeten Briefe, Dokumente und die Tagebücher des verstorbenen Freundes. Heute ist Boswell mehr durch sein eigenes intimes Tagebuch bekannt, das erst zwischen den Weltkriegen veröffentlicht wurde.[144]

Das Tagebuch stellt eine exzeptionelle Leistung dar. Es unterscheidet sich von anderen nicht nur durch den Umfang und seine literarische Qualität, sondern durch seine Intimität und seinen Informationswert. Boswell berichtete über Empfindungen und

Erfahrungen, was ihm widerfuhr und was er erlebte, was er fühlte, dachte und sah. Trotz aller egomanischen Züge erzählte Boswell doch kritisch und distanziert; die Welt der Frauen blieb ihm freilich fremd. Sein Freund Johnson hatte ihn dazu ermutigt, ein Tagebuch zu führen, »ehrlich und ungeschminkt«[145]. Eingangs heißt es: »Es gibt kein besseres Mittel, sich selber kennenzulernen, als zu verfolgen, was einen innerlich bewegt und wie man sich nach aussen hin verhält, woraus einer dann mit leidlicher Sicherheit abnehmen mag, ›wie er gestaltet ist‹. Ich habe mir deshalb vorgenommen, ein Tagebuch zu führen, in welchem ich mein wechselndes Empfinden und Verhalten aufzeichnen will, was nicht nur nutzbringend, sondern auch höchst angenehm sein wird. Es wird mich an Fleiss und Ausdauer gewöhnen und meine Federfertigkeit befördern, und ausserdem werde ich mich eher in acht nehmen, was ich anstelle, wenn ich weiss, dass all mein Tun und Treiben verewigt werden soll. Gerate ich aber doch einmal auf Abwege, wird mir das Tagebuch helfen, mich eines Besseren zu besinnen. Ich werde darin vermerken, was mir zu verschiedenen Fragen zu verschiedener Zeit einfällt, was an launigen Anwandlungen über mich kommen mag und was meine üppig wuchernde Einbildungskraft alles hervortreibt. Ich werde die Anekdoten und Histörchen festhalten, die mir zu Ohren kommen, die lehrreichen oder unterhaltsamen Gespräche, denen ich beiwohne, und so viel mir an Erlebnissen aller Art beschieden sein wird.«[146] Boswell folgte diesem Vorsatz getreulich über 18 Bände.

Der Beichtcharakter dieses Tagebuchs ist offenkundig. Über sich schrieb er einmal: »Ich bin wirklich ein sehr origineller Charakter. Man lasse mich meine Originalität zugleich mäßigen und kultivieren. Gott hätte gewiß nicht so viele unterschiedliche Menschen geschaffen, wenn er gewollt hätte, daß sie alle einem einheitlichen Standard entsprechen. Laßt mich Boswell sein und aus ihm einen anständigen Kerl machen.«[147] Der Verfasser suchte nicht erst als alter Mann Rechenschaft über sein Leben abzulegen, sondern begann als junger Mann, aus Selbstkontrolle und aus Freude am Schreiben, Tag für Tag sein Leben zu schildern. Er versuchte, sich zu verstehen und an moralischen Normen zu messen.

»Der große Gott, der uns geschaffen hat, wird uns wohl erst in einem anderen Leben all jene Geheimnisse unserer Existenz erklären, die uns auf Erden so verwirren und bedrücken.«[148]

Der Briefwechsel

Eine dritte Form der Selbstthematisierung stellen die Briefwechsel dar.[149] Im Vergleich zur Zahl der Verfasser von Autobiographien oder Tagebüchern ist die Gruppe der Briefschreiber entschieden größer. Der Briefwechsel nahm nicht nur mit der Ausbreitung der Schreibbefähigung zu, sondern mit dem Wandel der Kommunikationsstruktur. Teilweise sehr umfängliche Briefwechsel hinterließen neben Philosophen und Literaten auch unprofessionelle Schreiber, Angehörige des Adels oder des städtischen Bürgertums, sogar »einfache« Leute. Die Gründe für das Schreiben von Briefen waren unterschiedlich; bei den Gelehrten gehörte es zu ihrer Tätigkeit – ähnlich bei Fürsten und Kaufleuten, während alle anderen nur zu bestimmten Anlässen Briefe wechselten. Das Bedürfnis, fast alltäglich ohne besonderen Anlaß, nur zur gegenseitigen Unterhaltung, zu schreiben, entwickelte sich in einer breiten Schicht erst im 18. Jahrhundert. Ermöglicht wurde dies durch die Ausweitung des Postwesens, in gewisser Weise aber auch erzwungen durch die steigende Mobilität der bürgerlichen Kreise. Zu einer Selbstverständlichkeit wurde das Briefeschreiben erst in der Breitenwirkung, als das Bürgertum sich als geistige Avantgarde zu begreifen begann.

Die Entwicklung des Briefs läßt sich in vier Phasen einteilen: Die ersten großen Briefwechsel sind aus der Zeit des Humanismus und der Reformation überliefert.[150] Es handelt sich weitgehend um eine gelehrte, philosophisch-theologische Korrespondenz im Dienste religiöser oder gelehrter Reformen, einer umfassenden Information oder der wissenschaftlichen Forschung. Viele Briefe gleichen dementsprechend Sendschreiben und gelehrten Abhandlungen und sind zumeist in Latein geschrieben. Zu diesem Typus gehören die Briefwechsel von Erasmus und Luther, aber auch die späten von Kepler und Leibniz. Der gelehrte Briefwechsel ging erst mit dem Aufkommen wissenschaftlicher Zeitschriften zurück. Private Informationen, freundschaftliche Bekundungen, eigene Befindlichkeiten und Gesundheitszustände wurden durchaus auch übermittelt, hatten aber noch keinen selbständigen Wert. Das Commercium literarum war Ausdrucksform einer Gesellschaft elitärer Gelehrter.

Die zweite Phase verlief zum Teil parallel, setzte verstärkt aber erst seit dem 17. Jahrhundert ein: die Herausbildung des »privaten« Briefwechsels, den man auch als Familienbriefwechsel bezeichnen könnte, denn hier ging es nur um Nachrichten und Informationen aus dem Familien- und Privatleben. Da diese Briefwechsel, wenn sie nicht zugleich, wie beim Adel, politisch bedeutsam waren, selten publiziert wurden, wissen wir wenig über sie. In der Regel bedurfte es eines äußeren Anlasses, damit ein Familienmitglied schrieb; dieser konnte etwa dadurch gegeben sein, daß der Hausherr auf Reisen ging und von unterwegs mit seiner Frau oder seinen Kindern korrespondierte, oder durch den Fortgang eines Kindes, das von seinem Studienort berichtete. Dies setzte nicht nur eine gewisse Schreibbefähigung voraus, sondern auch einen starken Familienzusammenhalt. Es war lange Zeit nicht üblich oder selbstverständlich, daß man von einer Reise Briefe schickte oder daß Kinder außer Haus an die Eltern schrieben. Ein anderer Anlaß zum Schreiben waren Erbstreitigkeiten, Todesfälle und Eheschließungen. Derlei Briefwechsel beschränkten sich auf das städtische Bürgertum und auf Adelskreise. Erst mit dem 17. Jahrhundert verbreiterte sich die Gruppe der Briefschreiber; die Alphabetisierung der städtischen Bürgerschaft wie der adligen Gesellschaft förderte dies ebenso wie die Ausbildung eines ständischen Familienbewußtseins. Zuvor jedoch gab es dementsprechend lange nur bruchstückhafte Briefwechsel zwischen Eltern und Kindern, zwischen Geschwistern und zwischen Eheleuten. Selbst die Zahl der Liebesbriefe ist beschränkt, obwohl lange Verlobungszeiten zum Schreiben hätten Anlaß geben können. Und selbst die erhaltenen würden wir kaum als Liebesbriefe identifizieren, da sie uns heute meist nüchtern, schlicht und formal erscheinen.

In der Sprache der Privatbriefwechsel vollzog sich vom 16. zum 18. Jahrhundert ein bedeutsamer Stilwandel. Mit dem Aufkommen französischer Moden, dem Kanzleistil und Schreibstilbüchern des 17. Jahrhunderts wurde zwar die Sprache glatter, zugleich aber formalisiert, ja barock-schwülstig. Schrieben die meisten Leute im 16. Jahrhundert ungefähr so, wie sie sprachen, entwickelte sich im 17. Jahrhundert eine formalisierte Hochsprache. Ständische Differenzen wurden betont, das »Sie« wurde eingeführt, Titel wurden wichtig und die Unterwürfigkeit der Schreiber übertrieben zum Ausdruck gebracht. Dieser künstliche Stil, der die wahre Gesinnung verbirgt, entsprach den »höfischen« Umgangsformen.

Die dritte Phase wurde geprägt von Vertretern des Pietismus, Jansenismus, Puritanismus und der Frühaufklärung. Sie setzten sich bewußt ab vom unpersönlichen Gelehrtenbrief der Informationsmitteilung, aber ebenso vom Kanzleistil der barocken Briefe, und propagierten einerseits eine neue Schlichtheit, andererseits eine Konzentration auf Sachthemen, die Allgemeingültigkeit anstrebten. Der Brief sprach nicht mehr nur den Verstand, sondern ebenso Gemüt und Herz an. Es war die Zeit der »moralischen Wochenschriften«, deren Beiträge übrigens vielfach in Briefform abgefaßt sind. Erstmals ging es um einen »unmittelbaren« Meinungsaustausch zweier Personen, die sich gegenseitig etwas zu sagen hatten. Vorsichtig reduzierte man ständische Schranken und bekannte sich zu einem freundschaftlichen Umgang. Die Briefe berührten allerdings weniger die alltäglichen Probleme als allgemein Probleme der Moral und Lebensführung. Bei den Verfassern handelte es sich um eine Generation Gebildeter, Gelehrter und Laien, die an die Verbesserbarkeit des Menschen glaubten, ihre Vernunft und ihr Herz zu bilden suchten und erstmals sich selbst und ihre Interessen thematisierten. Während der gelehrte und wissenschaftliche Briefwechsel seit dem 16. Jahrhundert ausschließliche Männerangelegenheit war, traten nun mit dem frommen oder gebildeten Brief auch Frauen in den Vordergrund. Hatten Frauen bis dahin allenfalls mit ihren Ehemännern oder Geschwistern korrespondiert, gab es nun zusehends Frauen, vor allem im Pietismus und Jansenismus, die auch mit anderen Männern Briefe zu wechseln pflegten. In der Frühaufklärung legten viele Männer explizit Wert darauf, daß ihre Frauen mit anderen korrespondierten. Beispielhaft für die Briefkultur dieser dritten Phase ist der Briefwechsel der Frühaufklärer Gottsched und Fénelon.[151]

Mit den Schriftstellerbriefwechseln in der Mitte des 18. Jahrhunderts wurde die vierte Phase der Geschichte des neueren Briefwechsels eingeleitet. Das Jahrhundert der Aufklärung war auch das Jahrhundert des Briefes. Es ging nicht nur um die Einführung eines natürlichen und individuellen Schreibstils, um einen Bruch mit der Tradition – nach wie vor gab es den formalisierten, gelehrten, politischen und Familienbriefwechsel –, sondern der Brief wurde zum Ausdruck und zum Mittel der Darstellung eines neuen individuellen Lebensstils und einer Lebensweise, die sich vor allem in einem neuen Lebensgefühl äußerte. Einen Höhepunkt erreichte dieser Briefwechsel in der Zeit der Empfindsamkeit, die mit allen tradierten Konventionen brach. Im Mittelpunkt der Briefwechsel standen nicht mehr Sachinformationen oder objektive Befindlichkeiten und Zustände, sondern der Austausch von subjektiven Meinungen sowie die Stilisierung und Ausdeutung der Gefühlswelt, vor allem der Liebesgefühle. Erst seit den 70er Jahren des 18. Jahrhunderts gibt es Freundschafts- und Liebesbriefe moderner Art. Beispielhaft sind die Briefwechsel von Goethe, Klopstock, Rousseau und Richardson. Alle »Empfindsamen« öffneten sich einander vorbehaltlos. Das Innere des Herzens wurde Gegenstand der Kommunikation. Jens J. Baggesen schrieb an Karl L. Reinhold:

»Es ist mir ein wahres Bedürfnis, Alles, was meinem Kopfe und meinem Herzen, seit dem Augenblicke, worin wir uns in Jena sahen, Wichtiges aufgestoßen ist, Alles, was auf den besseren Theil meines Selbstes bleibenden Eindruck gemacht hat, in den Schoos Ihrer theilnehmenden Freundschaft auszuschütten; es ist mir dringendes Bedürfnis geworden, Ihnen als meinem zweiten Gewissen, die bedeutendsten Veränderungen meines Seins, die Geheimnisse meiner innern und – in so fern diese jene bestimmt – meiner äußeren Geschichte aufzudecken. Sie werden dies Bedürfnis, wenn auch nicht für mich, so doch sonst im Allgemeinen, mitempfinden können; nur *Körper* können sich wundern, daß die kurze Bekanntschaft und der noch kürzere Umgang einiger

Tage ein solches Bedürfniß hat erzeugen können, aber *Seelen* nicht.«[152]

So verschiedenartig sich jeder Briefwechsel äußerte, überall wird das Streben nach einer freundschaftlichen Beziehung deutlich, in der zwei Menschen sich ihre Meinungen und Gefühle mitteilten. Wenngleich viele Verfasser sich später von ihren Gefühlsäußerungen und -stilisierungen distanzierten, ja über sie spotteten, so hat doch der schwärmerische Briefkult der Zeit deutliche Spuren nicht nur im Leben der Literaten hinterlassen. Er stärkte bei Männern wie Frauen das Selbstbewußtsein und den Willen nach einer individuellen Lebensgestaltung. »Die Subjektivität war entfesselt, und wenn auch in der Sturm- und Drangperiode sich jedes winzige Ich für ungeheuer wichtig hielt und seinen Neigungen und willkürlichen Launen den freiesten Lauf ließ, so hörte doch diese maßlose Übertreibung allmählich auf, und der Gewinn, daß nämlich jede Individualität sich frei entfalten lernte, blieb.«[153] Und Habermas schreibt: »Briefe schreibend entfaltet sich das Individuum in seiner Subjektivität.«[154]

Waren es im 16. Jahrhundert stets nur Einzelgänger, die über sich selbst, ihre Gefühls- und Erfahrungswelt schrieben, wuchs die Gruppe derjenigen, die sich selbst thematisierten, ja sich selbst literarisch in Szene setzten, im 18. Jahrhundert zu einer sozialen Bewegung an.

Zum Prozeß der Individualisierung

Traditionelle Normen hatten die frühneuzeitliche Gesellschaftsordnung bis weit ins 18. Jahrhundert starr und unbeweglich erscheinen lassen. Die Orientierung an Ehre, Privileg, Geburt und standesgemäßem Verhalten bildete jedoch nur eine Seite des gesellschaftlichen Lebens in der frühen Neuzeit. Die Geschichte der Selbstthematisierung vom 16. bis zum 18. Jahrhundert beweist, daß sich im Laufe jener Zeit vieles gewandelt hat, und das wäre ohne Veränderungen im gesellschaftlichen Zusammenleben kaum möglich gewesen. Bei aller Statik gab es eine beträchtliche Dynamisierung, die entscheidende Grundlagen zur Individualisierung der Lebensverhältnisse schuf. Sicherlich berührte dieser Prozeß nicht alle Lebensbereiche, aber er beschränkte sich auch nicht nur auf die Oberschicht. Auf fünf Themenfeldern läßt sich ein eindeutiger Wandel festmachen.

Vom Gemeinwohl zum Eigennutz

Der zentrale Begriff allen sozialen und politischen Denkens im Spätmittelalter wie der frühen Neuzeit war der des Gemeinnutzes. Jedwedes soziale oder politische Handeln sollte dem gemeinen Nutzen dienen. Das heißt nicht, daß diese Regel nicht verletzt oder Eigennutz tatsächlich verdrängt wurde, aber kein Verhalten wurde offiziell so diskreditiert wie »eigennütziges« Handeln. Der Begriff »Gemeinnutz« war allerdings vielschichtig.[155] Einmal bildete der Gemeinnutz den Inbegriff jeder Herrschaft, jedes christlichen Staates und der guten Polizei. Jeder Herrscher mußte sein Handeln als gemeinnützig legitimieren, um Anerkennung zu finden. Zum anderen schuf der Gemeinnutz die moralische Grundlage jedes altständischen Gemeinwesens und regulierte das individuelle Wohlverhalten des einzelnen Bürgers. Allein der gemeine Nutzen garantierte Recht und Frieden. »Und wurd darum der Gemeinnutz genannt, daß in dem Fall keiner auf sein eigen Sach allein sehen soll.«[156] Gerade weil der Mensch zu Lastern neigt und allzu schnell seinen Vorteil auf Kosten anderer durchsetzt, muß er auf den gemeinen Nutzen verpflichtet werden. In der Christenspiegel-Literatur des 16. Jahrhunderts heißt es: »Hingegen aber wo der Geiz oder Eigennutz einmal bei den Menschen eingewurzelt, da ist wenig Guts zu hoffen. Darum sich männiglich, sonderlich aber die, so im Regimentsstand, dies Lasters als Feuer und Schwert zu entschlagen haben.«[157]

So hoch gepriesen in der frühneuzeitlichen Gesellschaft der Gemeinnutz war, so entschieden wurde jede Form des Eigennutzes verurteilt: Jede Zunft, die ihre Produkte zu teuer verkaufte, und jeder Kaufmann, der eine Monopolbildung auf Kosten der Allgemeinheit anstrebte, wurde einer »eigennützigen Hantierung« bezichtigt und konnte deswegen bestraft werden. Er störte nicht nur die soziale Harmonie, sondern widersprach auch der göttlichen Schöpfungsordnung. Jedes individuelle Streben nach Reichtum galt als verwerflich. Ziel der Gesellschaft war die ständisch gebundene Sicherung der »Nahrung«. Obwohl die konkrete soziale wie ökonomische Wirklichkeit bereits seit dem späten 16. Jahrhundert schon anders aussah, wurde die Ordnung des »Gemeinnutzes« offiziell noch im 18. Jahrhundert verteidigt. Sie war allerdings bereits eine Antwort auf die Allgegenwärtigkeit des »Eigennutzes«.

Die Umkehr der Ordnung vom Leitbild des Gemeinnutzes zu dem des Eigennutzes wird allgemein mit der Entstehung des Wirtschaftsindividualismus in England in Verbindung gebracht, der ganz und gar auf den Eigennutz setzte und durch den man den »Wohlstand der Nationen« erhoffte, wie der Buchtitel von Adam Smith (1776) verheißt. Nach ihm galt »das gleichmäßige, fortwährende und ununterbrochene Streben des Menschen nach besseren Lebensbedingungen«, also der Eigennutz, als »die Ursache und Quelle des öffentlichen Wohlstandes«.[158]

Sicherlich spielte der englische Wirtschaftsliberalismus eine gewichtige Rolle in der Durchsetzung neuer sozialer Leitbilder, aber für die vollkommene Umkehrung der Werte, die zur Verteidigung des wirtschaftlichen Egoismus führte, sind noch andere Faktoren entscheidend. Zum einen gibt es eine lange Vorgeschichte, eine positive Bewertung des Eigennutzes finden wir bereits im späten 16. Jahrhundert. Zum anderen steht dieser Umwertungsprozeß im Zusammenhang der Neubewertung der menschlichen Natur überhaupt: Über Leidenschaft und Eigenliebe wurde in der Philosophie und Theologie schon lange ein intensiver Disput geführt.

Eine erste positive Einschätzung gab es gegen Ende des 16. Jahrhunderts. In seinem Traktat »Von dem Lob des Eigen Nutzen« (1564) analysierte der Ulmer Bürger Fronsberger das Wirtschaftsleben seiner Zeit im Gegensatz zur christlichen Moral des gemeinen Nutzens. Es sei nicht der gemeine Nutzen, der die Menschen motiviere zu handeln, sondern allein der Eigennutz. Dies gelte bei der Eheschließung ebenso wie bei der Bestellung des Ackers, bei der Arbeit des Handwerkers wie dem Geschäft des Kaufmanns. »Es ist nie kein Gemeiner, sondern je und allweg nur ein eigener Nutzen gewesen«, und nichts ist »so schnöde und unachtbar, daß den Menschen notdürftig, daß nit durch Eigennutz enthebet sey, also gar der Eigennutz schafft und wirkt, daß nichts auf dem Erdrich mangelt.«[159] Fronsberger kam auf die »neue« Idee, als sich erstmals abzeichnete, daß die wirtschaftliche Unordnung nicht mehr mit alten Mitteln zu reparieren war, daß etwa nicht die Zünfte, sondern der einzelne aktiviert werden mußte. Sicherlich stand Fronsberger in seiner Zeit mit seiner Idee allein, aber in dem Maße, wie der frühmoderne Staat seinen Finanzbedarf nicht mehr mit traditionellen Mitteln decken konnte, verstärkte sich bei dem entstehenden Kameralistenstand die neue Erkenntnis der gesellschaftlichen Wohlfahrt. Wohlstand des Staates ließe sich allein durch den Wohlstand der einzelnen Bürger erreichen, und um diesen zu erreichen, müsse die Eigenverantwortlichkeit gestärkt werden.[160] Derartigen Ideen widmeten sich bald in Ansätzen auch libertinäre Denker in Frankreich, die Neustoizisten in Deutschland und Holland sowie Wissenschaftler in England. Individualistisches Denken wurde vereinzelt nicht nur im Wirtschaftsleben gefördert. So gab es Ende des 16. Jahrhunderts erste Ansätze einer individualistischen Rechtspflege, die den Schutz des individuellen Rechts im frühabsolutistischen »Willkürstaat« forderte.

Alles das, was an Einzelbeobachtungen zusammengetragen werden kann, findet seine Überhöhung in einer neuen philosophischen Diskussion über die »Eigenliebe«[161]. Sie konstituiert in ihrer Gegenüberstellung von wahrer und falscher Selbstliebe gleichsam die Verbindung zwischen der älteren Verdammung des Eigennutzes und der neuen, partiell positiven Bewertung und eröffnet so mit ihrer grundsätzlichen Bejahung des amor sui den Spielraum für eine neue Lehre vom Eigennutz. Samuel von Pufendorf schrieb in seinem »Natur- und Volksrecht« 1711 über den wohltätigen Effekt des Eigennutzes: »Doch hat sich die Errichtung der Bürgerlichen Gesellschaft nach dieser Unart des Menschen (dem Eigennutz) gerichtet und durch gewaltsame, einen jeden insonderheit beschwehrende Straffen von dem abhalten wollen, was allen insgesamt schaden kann: hingegen aber auch zu dem antreiben, was jeder zu aller Erhaltung thun soll, damit also der Mensch, wo er nützlich ist, angegriffen und durch seine eigene Liebe zu äußerlicher Beförderung des gemein Nutzen angetrieben werden möchte.«[162]

Sosehr bis weit ins 18. Jahrhundert die Orientierung am gemeinen Nutzen eine gesamtgesellschaftliche Forderung im Alltagsleben der meisten Bauern und Bürger blieb und bewußt aufrechterhalten wurde, vermehrten sich vor allem seit dem 17. Jahrhundert die Stimmen, die die Eigenverantwortlichkeit gestärkt wissen wollten und für den Eigennutzen eintraten. Am entschiedensten propagierte erstmals Bernard Mandeville 1723 die Selbstliebe als Naturgesetz: »Es gibt nichts so allgemein Unverfälschtes auf Erden wie die Liebe, die jedes Geschöpf, das ihrer fähig ist, zu sich selbst hegt. Da es ferner keine Liebe ohne gleichzeitiges Streben nach Erhaltung des geliebten Gegenstandes gibt, so wird man in keinem lebenden Wesen etwas finden, was aufrichtiger gemeint wäre als sein Wille, Wunsch und Bemühen, das eigene Selbst zu erhalten.«[162a] Aber erst nach der Mitte des 18. Jahrhunderts gewann der Eigennutz an gesamtgesellschaftlicher Relevanz.

Die Auffassung von der Ehe

Auch im Bereich von Ehe und Liebe lassen sich früh individuelle Entwicklungen erkennen.[163] Zweifellos strebte fast jeder Mann und jede Frau in der frühen Neuzeit eine Ehe an, aber die Verheiratung war kein privater, individueller Akt zweier sich liebender Menschen, sondern ein öffentlich-gesellschaftliches Ereignis. Die Ehe war keine Gemeinschaft zweier Individuen, sondern die einzig legitime, von den Obrigkeiten geschützte und von der Kirche abgesegnete, zunehmend auch kontrollierte Form der Lebensgemeinschaft der Geschlechter, die eng verknüpft war mit der Herrschaftsform und Arbeitsorganisation der frühen Neuzeit. Vier Merkmale bestimmten wesentlich und lange ihren Inhalt: Einmal bildete sie den alleinigen Ort legitimer Sexualität. Sie besaß öffentlich keinen eigenständigen Wert, noch wurde sie zwangsläufig mit Zuneigung und Liebe verbunden. Sie erhielt ihren Wert ausschließlich durch die Zeugung von Nachkommenschaft. Kinderlosigkeit galt als sozialer »Defekt«. Weiterhin begründete die Ehe eine Lebensgemeinschaft, die zwar nicht unbedingt eine emotionale Zuneigung voraussetzte, doch eine gegenseitige Verpflichtung zu Vertrauen und Hilfe kannte. Schließlich galt die Ehe als eine Vereinbarung für das ganze Leben, die erst durch den Tod des Partners beendet wurde. Die Ehe war damit eine Institution, in der individuelle Vorstellungen und Wünsche nur soweit berücksichtigt werden konnten, als sie die Lebensgemeinschaft, den Arbeitsprozeß, den Besitz und die Familienstrategie nicht gefährdeten. Dabei galt die Eheschließung nicht nur als subjektives Ziel jedes Menschen, sondern als notwendige Voraussetzung, um überhaupt eine Rolle in der ständischen Gesellschaft zu spielen. Ledige standen am Rande der ehrbaren Gesellschaft.

Obwohl so gut wie jeder Eheschließung in der frühen Neuzeit diese Vorstellung von Ehe zugrunde lag, gab es vom Spätmittelalter bis hin zum frühen 19. Jahrhundert einen grundlegenden Wandel des Eheverständnisses; er resultierte aus der Änderung der Lebensweise, der Moralvorstellungen und der Lebensansprüche, die sich mit dem sozialen Wandel der Zeit ergaben.

»Der Ehestand ist von Gott gestifft« (1661). Symbolischer Kupferstich von M. Kusell (nach G. Strauch).

Die Ehe war im Mittelalter lange ausschließlich Angelegenheit zweier Familien. Erst die Kirche löste sie aus diesem Einflußbereich, indem sie sie abhängig machte von der Konsenserklärung beider Eheleute und sie zum Sakrament erhob. Die Reformation brachte zwar ein neues Eheverständnis, aber der Bruch mit der Tradition war nur kurzfristig. Die Ehe galt als gottgewollt und als die einzige Möglichkeit für den Christen, ein evangelisches Leben zu führen. Bei aller moralischen Aufwertung aber wurde die Frau dem Mann in der Ehegemeinschaft untergeordnet. Mit dem nachtridentinischen Katholizismus gab es erstmals klare Regeln der Eheschließung und gültigen Trauung, die das deutliche Eheversprechen beider Partner verlangten, zugleich aber wurde das Eheleben streng unter kirchliche Normen gestellt. Zweck der Ehe war nach wie vor die gegenseitige Hilfsbereitschaft und die Zeugung von Kindern, wobei nicht die Idee vom Glück, sondern die Erfüllung der von Gott gestellten ehelichen Aufgaben im Vordergrund stand.

Eine erste grundlegende Veränderung gab es im Pietismus. Die patriarchalische Ehe galt nach wie vor als verbindlich, doch wurde die Frau als Mitarbeiterin des Mannes beim Aufbau des Reiches Gottes gesehen. Dies bewirkte eine beträchtliche Aufwertung sowohl der Frau als Ehepartnerin wie der Ehe insgesamt als einer Gesinnungsgemeinschaft. Entschieden weiter ging die Aufklärung, die zwar nur von einer kleinen Schicht getragen wurde, deren Ehemodell aber intensiv diskutiert wurde. Die Konsequenz waren nicht unbedingt die Ende des 18. Jahrhunderts erstmals eingeführte Zivilehe und die »romantische Liebe«, aber die Aufklärung schuf die Basis für ein modernes Eheverständnis.[164] Die Aufklärer verlangten nämlich »eine Übereinstimmung der Gemütsart, eine gewisse Gleichheit in unseren Meinungen und Neigungen, ein innerlicher Trieb, dem anderen zu gefallen, sein ganzes Herz, seine ganze Hochachtung zu besitzen«[165]. Erst dann könne man von ehelicher Liebe sprechen. Dieses Modell galt allerdings nur für die neuen aufsteigenden Bürgerschichten. Schließlich erkannte man in der Ehe eine Bildungsanstalt des Menschen, in der jeder sich vervollkommnen und seinen individuellen Lebensstil finden könne.

Obwohl jeder Ehepartner auf die Wahrnehmung seiner Aufgaben verpflichtet wurde, gab es zahlreiche Ehekonflikte. Eine Scheidung war jedoch nur in seltenen Ausnahmefällen möglich, selbst eine Trennung von Tisch und Bett konnte nur vollzogen werden, wenn Obrigkeit und Kirche keine andere Möglichkeit sahen und der Bauern- oder Handwerksbetrieb keinen Schaden litt. Aber auch dann setzten die knappen Ressourcen vor allem den Frauen klare Handlungsgrenzen. Die öffentliche Ehre einer geschiedenen Frau nahm größeren Schaden als die eines geschiedenen Mannes. Eine Scheidung war für eine Frau ein schwerwiegender Entschluß.[166]

Erst mit der Säkularisierung des Eherechts im 18. Jahrhundert änderte sich diese Praxis langsam und die Scheidungen nahmen zu, wenngleich das Bürgertum von dieser Möglichkeit mehr Gebrauch machte als die gemeinen Leute. Daß die Zahl der Scheidungen vor allem im Bürgertum anstieg, war eine erste Reaktion auf das traditionelle Heiratsmuster, nach dem die Eltern über die Eheschließung entschieden und die Kinder sich fügen mußten. Dieses Muster geriet zunehmend in Konflikt mit der neuen Betonung gegenseitiger Zuneigung als einer Voraussetzung für das Gelingen einer Ehe. Zwar versuchten Kirche und Staat, die Eltern davon zu überzeugen, ihre Kinder nicht nach ihrem Interesse zu verehelichen, sondern auf deren eigene Wünsche einzugehen; Ehestreit wollte keine gesellschaftliche Institution, und eine gute Ehe galt jedem als Voraussetzung für eine christliche Gesellschaft. Aber trotz dieser Mahnungen beharrten die meisten Familien auf ihrer Tradition: Jedenfalls nahmen die Scheidungen am Ende des 18. Jahrhunderts sprunghaft zu. Einige junge Leute weigerten sich, den von den Eltern gewählten Partner zu ehelichen oder strebten eine Scheidung an, wenn sie sich um ihr Glück betrogen fühlten.

Die bürgerliche Kernfamilie

Als Geburtsstätte moderner Individualität gilt die bürgerliche Kernfamilie, wie sie im 18. Jahrhundert entstand; sie begünstigte eine Kindererziehung, die auf individuelle Entfaltung und Konkurrenz angelegt war. Im Unterschied zum traditionellen Haushalt der Handwerker und auch der Bauern, der sich kaum verändert hatte und noch lange auf Tradition und Kollektivität setzte, zog sich die neue bürgerliche Kernfamilie immer mehr aus den traditionellen Lebenszusammenhängen zurück, sie konzentrierte sich ganz auf die Gestaltung des eigenen Familienlebens, in dessen Mittelpunkt die Aufzucht und Erziehung der Kinder stand.[167] Das setzte zunächst ein gesichertes Einkommen voraus, ebenso die Möglichkeit, daß die Frau von materieller Hausarbeit befreit war; hinzu kam aber die neue Lebenseinstellung der Aufklärung, dergemäß der Bürger sein Leben und seine Zukunft selber zu gestalten hatte. Ähnliche Bedingungen hat es schon früher vereinzelt gegeben, auch auf die Bedeutung der Erziehung hatte man schon lange verwiesen, doch erst im 18. Jahrhundert kam es zu einer gesamtgesellschaftlichen Formation des sich emanzipierenden Bürgertums mit gleichen Leitvorstellungen. Diese Leitbilder hatten vor allem die moralischen Wochenschriften der 1740er Jahre verbreitet. Daß sie nicht nur Ideale widerspiegeln, zeigen die zahlreichen Autobiographien der Zeit.

Entscheidend bei der Kinderaufzucht in der bürgerlichen Kernfamilie war ihre Isolierung von der Außenwelt. Der Kontakt zu anderen Kindern wurde begrenzt, wenn nicht sogar ganz verboten. Nur im Hof, in Haus und Garten durften die Kinder sich bewegen. Auf die Straße gelangten sie lediglich auf Spaziergängen in Begleitung Erwachsener. Gleichsam als Ersatz für den Kontakt zu Gleichaltrigen erhielten die Kinder in der Regel spezielles Kinderspielzeug, das für sie von besonderer emotionaler Bedeutung wurde. Eine weitere Auswirkung der Abschottung nach außen war die Entstehung eines »Binnenraumes« intensiver Bindungen und Gefühle. Weil der Vater häufig außer Haus tätig war und die Mutter sich intensiv um die Kinder bemühte, kam es nicht selten zu der klassischen Differenzierung zwischen der Vater- und der Mutterrolle: der strenge Vater und die zärtliche Mutter, die beide den familialen Raum entschieden autoritär strukturierten. Sicherlich spielten dabei Prügel auch in den gehobenen Schichten noch eine Rolle, vor allem aber wollte man die Kinder mit Geduld und vernünftiger Behandlung zur Räson bringen, und die Eltern stellten ebenso an sich selbst den Anspruch, ihre Launen zu beherrschen. Durch die Strafe sollte vor allem die innere Einsicht der Kinder geweckt werden. Es ging um die Internalisierung der Normen, die Ausbildung eines Gewissens. Das Kind sollte allmählich lernen, nach verinnerlichten Normen zu handeln und sich nicht primär von den Erwartungen und Regeln seiner jeweiligen Umgebung leiten zu lassen.[168]

Die elterliche Zuwendung richtete sich stark auf die intellektuelle Entwicklung der Kinder. Nicht selten waren die gebildeten Eltern die ersten Lehrer ihrer Kinder. In der Erwartung, daß der Sohn den sozialen Status des Vaters erreichen oder womöglich übertreffen sollte, nahm der Unterricht im gehobenen Bürgertum einen sehr viel höheren Stellenwert und sehr viel mehr Zeit ein als beim Durchschnitt des Kleinbürgertums. Die Schule erhob die autoritäre Position des Lehrers und die hierarchische Ordnung zwischen den Schülern zum Prinzip. Die Leistung, die gefordert wurde, war allgemein sehr abstrakt. Das Lernziel war nicht die Fähigkeit, Probleme zu lösen, die sich den Schülern womöglich in ihrer Lebenssituation stellten, sondern die Aneignung von Wissen, das den Zöglingen weithin als Selbstzweck erscheinen mußte. Aber Bildung war die Voraussetzung für einen sozialen Aufstieg. Gleichsam als Spiegelbild dessen war ein Aufstieg innerhalb der Sitzordnung der Klasse wie von einer Klasse in die nächsthöhere von der individuellen Leistung abhängig. Im Vergleich zum familialen Binnenraum und dem Schulbesuch spielte das Gruppenleben mit Gleichaltrigen im gebildeten Bürgertum eine geringe Rolle. An seine Stelle trat im 18. Jahrhundert jedoch die Freundschaft mit Gleichgesinnten.

Insgesamt erfuhr das Kind aus dem gehobenen Bürgertum durch Schule und Lehrer eine hohe Aufmerksamkeit mit positiven und negativen Sanktionen, die für sein moralisches Wachstum von

Bedeutung waren, und eine bewußte Förderung seiner intellektuellen Entfaltung, so daß der Lehrer zur zentralen Bezugsperson neben den Eltern wurde. Die sozialen und kulturellen Normen wurden so sehr verinnerlicht, daß die feste Einbindung in eine Gruppe und die Unterordnung unter ihre Erwartungen und Regeln gelockert werden konnte. Das Prinzip des Aufstiegs durch individuelle Leistung, durch das die bürgerliche Gesellschaft sich selbst definierte, führte zu einer Individualisierung und zu einer schwindenden Bedeutung kollektiver Lebensstrategien und -zusammenhänge.[169] Die Erziehungsinsitutionen der bürgerlichen Gesellschaft, Kernfamilie und Schule, trieben diesen Individualisierungsprozeß voran und vermittelten zugleich Normen, die halfen, ihn zu kontrollieren und zu begrenzen.

Individualisierung der Lebensstile

Wenngleich die zunehmende Zahl pauperisierter Schichten sowie die Ausweitung der höfischen Kultur die ständische Ordnung schon früh unterliefen, setzten die ständischen Ordnungsvorstellungen bis weit ins 18. Jahrhundert hinein für jeden Einzelnen Namen und Status fest. Es gab in der ständischen wie höfischen Welt beträchtliche Spielräume individuellen Handelns, aber dieses Handeln unterschied sich wesentlich von den neuen individuellen Lebensweisen, die sich mit der Erosion der Ständeordnung durchsetzten und spätestens mit der Aufklärung im entstehenden Bürgertum Verbreitung fanden. In vier Bereichen lassen sich entsprechende Tendenzen feststellen, die Ausdruck wie Produkt des frühneuzeitlichen Individualismus waren.

1. Der sich seit dem 16. Jahrhundert vermehrende Umgang mit der Schrift (Buch) spielte eine beträchtliche Rolle für die Individualisierung, wenn auch nur bei einer kleinen Schicht, die sich das Lesen und Schreiben leisten konnte. Wir wissen, daß die Gesellschaft nach und nach alphabetisiert wurde, die Städter mehr als die Landbevölkerung, die Männer mehr als die Frauen, die Ober-

schicht mehr als die Unterschicht, aber der Prozeß der Alphabetisierung war unaufhaltsam. Das gleiche gilt für die Verbreitung von Büchern, Broschüren und Zeitungen, die von immer mehr Bevölkerungskreisen rezipiert wurden. Zwar konnten Lesen und Schreiben durchaus die Tradition stärken, zugleich aber schufen sie entscheidende Voraussetzungen, sich eigenständig von den alten Vermittlungsinstanzen wie Kirche und Obrigkeit zu befreien. Was diese propagierten und erließen, konnte nachgelesen und überprüft werden. Wenngleich selbst von aufklärerischer Seite auf mögliche bedenkliche Folgen zu vielen Lesens hingewiesen wurde, wuchs die Schicht derjenigen, die sich diese Techniken aneigneten und damit an der Schriftkultur teilhatten, das Schreiben und Lesen wurde zum Zeichen des sich emanzipierenden Bürgertums.[170] Es gewann aber nicht nur Bedeutung bei der Befreiung von der Tradition, es stärkte zugleich und vor allem das Selbstbewußtsein des Einzelnen, führte zu einer Beschäftigung mit sich selbst und erschloß Welten, die bisher unbekannt gewesen waren und die nun für den sozialen Aufstieg Bedeutung gewannen. Alle vormodernen Tätigkeiten wurden weitgehend kollektiv vollzogen, die Arbeit, das Feiern, selbst das Lernen, nur das neue stille Lesen und Schreiben war stets ein individueller Akt, der außerhalb traditioneller Räume vollzogen werden mußte. Es war eine Beschäftigung, der jeder allein nachgehen konnte und die weitgehend auf freiwilliger Basis ruhte. Das Lesen und Schreiben wurde im 18. Jahrhundert zum Ausdruck individuellen Lebens schlechthin, und mit der Ausweitung des Büchermarktes vervielfältigten sich individuelle Interessen, wie überhaupt der neue abstrakte Büchermarkt sensibel auf die sich in geschmacklicher Hinsicht ausdifferenzierende Gesellschaft reagierte.

2. Ebenso stark wurde die Kleidung zusehends zum Ausdruck individueller Lebensweise. Wir wissen, daß die Kleidung in der frühneuzeitlichen Gesellschaft von den offiziell erlassenen Kleiderordnungen bestimmt wurde. Nach diesen unterschieden sich alle sozialen Gruppen im öffentlichen Leben durch eine bestimmte Kleidung (und Schmuck); wenn man dies nicht beachtete, konnte das Strafe nach sich ziehen. Die Obrigkeit versuchte auf diese Weise, eine klare Ordnung zu präsentieren und dabei die Vor-

Werther am Schreibpult, die Pistolen in der Hand.
Aquarell eines unbekannten Zeitgenossen.

rechte der Adligen und Patrizier zu wahren. Die wiederholte Publikation von Kleiderordnungen (bis ins 18. Jahrhundert hinein) weist allerdings darauf hin, daß sie immer seltener eingehalten wurden. Zugleich ließ die ständische Kleiderordnung zusehends mehr Spielräume zu, um den individuellen Geschmack zu zeigen und sich üppiger darzustellen, als es der Stand an sich erlaubte.[171]

Dieser früh einsetzende Auflösungsprozeß ständischer Kleiderordnungen ging in der zweiten Hälfte des 18. Jahrhunderts einher mit der Entstehung neuer Kleidermoden, die vor allem aus England kamen. Sie betonten das Prinzip der Gleichheit in der bürgerlichen Welt und brachen mit dem altständischen Pomp zugunsten einer natürlicheren Bewegung. Wenn zu Ende des 18. Jahrhunderts rasch und konsequent nacheinander der Zopf, die Perücke sowie die schweren Stoffe und »ständischen« Kleider aufgegeben wurden, war dies Ausdruck eines individuellen Lebensstils, der zusehends die ganze neue bürgerliche Welt erfaßte. Die neue Mode unterlag zwar immer noch bestimmten Normen, aber diese hatten sich verändert.

3. Auch im Bereich des Wohnens sind spätestens im 18. Jahrhundert Individualisierungstendenzen feststellbar. Zwar war das Haus bis weit ins 19. Jahrhundert hinein Lebens-, Wohn- und Arbeitsraum zugleich, sowohl für die Bauern und Handwerker wie für Bürger und Adlige. Aber mit der Aufwertung des Familienlebens vollzog sich allmählich eine Trennung von Wohn- und Arbeitsbereich. Sofern es möglich war, wohnte der Bauer nicht mehr mit dem Vieh unter einem Dach; der städtische Handwerker wohnte zumeist über der Arbeitsstätte; selbst die adlige Familie zog sich in einen »privaten« Schloßteil zurück. Daneben kam es in der Wohnstruktur zu einer bemerkenswert strikten Trennung von Lebensbereichen, die nicht zuletzt der neue Flur möglich machte. Es entstanden das von jeder Handarbeit freie Wohnzimmer sowie auch separate Schlafzimmer für Eltern und Kinder, wobei das Gesinde oft ganz ausgegliedert wurde. Damit gab es erstmals Rückzugsmöglichkeiten, die der eigenen Gestaltung unterlagen. Die Abschottung der Kinder stärkte zwar die Geschwisterliebe, zugleich vermittelte sie ein erstes Gefühl der Einsamkeit, das Kinder von Handwerkern oder Bauern kaum kannten. Das neue Wohnzimmer

(Salon) diente nach wie vor einer ständischen Repräsentation, darüber hinaus wurde es aber der Lebensraum der Kleinfamilie, den man bewußt (mit Tapeten und Bildern) individuell gestaltete und der für Fremde nur auf Anmeldung hin offenstand. Hier war man unter sich, hier las und schrieb man. Bei Vermögenden gab es bald sogar eigene Zimmer für den Herrn bzw. die Dame, deren »Mittelpunkt« der Schreibtisch wurde. Das moderne Wohnen spiegelte die individuellen Lebensansprüche des neuen Bürgertums wider.[172]

4. Individualisierungstendenzen lassen sich besonders am Kirchgang feststellen. Der Kirchgang gehörte in der frühen Neuzeit zu den Selbstverständlichkeiten. Er zählte zu den christlichen Pflichten, und wohl die wenigsten mußten dazu gedrängt werden, in die Kirche zu gehen, zumindest ein Vertreter der Familie nahm am Gottesdienst teil.

In geschlossenen Familienformationen ging im 16. und 17. Jahrhundert die ganze Gesellschaft zur Kirche, auch war es selbstverständlich, Tauffeiern, Hochzeiten und Beerdigungen gemeinschaftlich und kirchlich zu begehen. Gewünscht wurde der sonntägliche Besuch, manche gingen auch tagtäglich in die Kirche. Sie war vor allem in der katholischen Welt stets offen. Solange die Kirche der Kommunikationsmittelpunkt eines Dorfes oder Stadtviertels war, ein Ort des Zusammenseins (neben Gaststätte und Marktplatz), änderte sich an dieser Praxis kaum etwas. Das galt für den Katholizismus wie den Protestantismus.

Seit dem späten 17. Jahrhundert stellte jedoch die Kirche trotz ihres kulturellen Monopolanspruchs vor allem für das entstehende Bürgertum nicht mehr das kulturell-kultische Zentrum dar. Obwohl die Bürgerinnen und Bürger weiterhin am Heilsangebot der Kirche partizipierten, wurde der Kirchgang immer mehr zu einer Formsache. Insgesamt spürt man in dieser Welt eine zunehmende Distanz, die Kirche spielte für das Alltagsleben der Bürger eine immer geringere Rolle; in der ländlichen Gesellschaft allerdings blieb noch lange alles beim Alten. Viele religiös-kirchliche Bedürfnisse wurden jedoch, besonders im Protestantismus, immer mehr außerhalb der offiziellen Kirche befriedigt. Es gab im 18. Jahrhundert eine breite religiöse Kultur außerhalb der Orthodoxie, die in »privaten« Zirkeln verankert war. Zugleich vermehrte sich die Zahl derjenigen, die sich von der Kirche gänzlich abwandten. Der »Indifferentismus« war nicht nur in der Intellektuellenschicht anzutreffen, sondern ebenso bei den einfachen Leuten. Die Kontrollmöglichkeiten der Kirche ließen in dem Maße nach, wie die Obrigkeit sich immer weniger als Vertreterin Gottes verstand. Eine vollkommene Abkehr konnten sich allerdings nur die wenigsten leisten. Doch in dem Maße, wie die Gestaltungsmöglichkeiten des Einzelnen wuchsen, relativierte sich der kirchliche Anspruch. Eine gewisse individuelle Auswahlmöglichkeit gab es seit je, vor allem im Katholizismus, selbst in der kirchlichen Praxis, und sie wurde reichlich genutzt. Die Aufklärer aber unterwarfen sich in ihrem Individualismus kaum noch kirchlichen Vorschriften, sowenig sie explizit antikirchlich, geschweige denn antichristlich dachten und handelten.[173] Wie eine Analyse der zahlreichen Autobiographien zeigt, war der Kirchgang im 18. Jahrhundert für die aufgeklärten Bürger keine Selbstverständlichkeit mehr. Nicht nur die französischen Aufklärer hatten ein neues Verhältnis zur Kirche herausgebildet, sondern ebenso die deutschen.

Die Entstehung des frühneuzeitlichen Individualismus

Im mittelalterlichen Universalismus gab es keine Trennung von Staat und Kirche. Als Heilsinstitution wies allein die Kirche den Weg, und der Staat hatte sie dabei zu unterstützen. Auf Erden hatte der Einzelne das von Gott gegebene Amt, die von Gott vorgegebene Arbeit getreu zu erfüllen. Die Kirche wie auch die weltlichen Obrigkeiten anerkannten keine individuellen Rechte. Kollektivistisch dachte aber nicht nur die Kirche, auch im wirtschaftlichen und gesellschaftlichen Leben wurde eine individuelle Aneignung von irdischen Gütern unterbunden. Die dörflichen und städtischen Verwaltungen verwarfen jeden Egoismus. Bezeichnend sind die aus dem Neuen Testament hergeleiteten Vorbehalte gegenüber dem Handel, die sogar ein Zinsverbot einschlossen. Träger besonders ausgeprägt kollektivistischer Ideen waren die

Zünfte, Gilden und Innungen. Der einzelne Handwerker galt hier nicht als »Individuum«, sondern als Glied dieser Vereinigung. Es gab offiziell kein individuelles Eigentum, alles gehörte den Herrschaften bzw. den Kirchen. Der Wert von Grund und Boden bemaß sich nicht nach der subjektiven Einschätzung, sondern nach der »inneren« Güte der Dinge, die einmal festgelegt war und sich kaum änderte. Gerecht hieß ein Preis, der der »Qualität« entsprach. Unverhältnismäßige Gewinne waren verdächtig, auch kaum zu erreichen; eine Ausnahme bildeten die städtischen Kaufleute.

Sicherlich wurde der »mittelalterliche« Kollektivismus nicht so gehandhabt, wie die Theorie, das christliche Selbstverständnis der Zeit es bestimmte, aber Arbeit zum eigenen Gewinn war, wie individuelles Handeln überhaupt, nicht das angestrebte Ideal. Der ideale Bauer oder Handwerker war der, der seine Arbeit zur Zufriedenheit aller verrichtete, für seine Familie sorgte, anständig lebte und auf den andere sich ohne Nachteil verlassen konnten.

Eine erste Änderung dieses Habitus vollzog sich im 15./16. Jahrhundert unter der beginnenden weltlichen Begründung des Staates und der Entsakralisierung der Gesellschaft. Sie führten zwar nicht zu einer individualistischen Weltsicht, aber der neue, aus reformatorischen und territorialstaatlichen Quellen gespeiste Kollektivismus schuf einige entscheidende Grundlagen hierfür. Im staatlichen Bereich vollzog sich eine Emanzipation von kirchlicher Vorherrschaft, wie auch die protestantische Kirche ihre Vermittlerrolle zwischen Gott und den Menschen einschränkte. Der Staat wie auch das Recht begannen sich als bewußte Schöpfungen der Vernunft zu begreifen, wobei der Staat den Einzelnen zwar keine Rechte ihm gegenüber einräumte, dafür aber – und das war neu – die Rechtsstellung der Einzelnen untereinander stärkte.[174]

Sosehr der absolute Staat den Einzelnen nur als seinen Untertan begriff, schuf er doch zugleich eine optimale Freizügigkeit, wenn sie der Staatsräson nutzte. Ebenso nutzte die merkantile Wirtschaftspolitik nicht unmittelbar dem Einzelnen – jeder neue Luxus wurde immer wieder verboten –, doch legte sie die Basis für eine Wirtschafts- und Verkehrsfreiheit zugunsten des Staatswohles, obwohl dies der Zunftverfassung zuwider lief. Wenngleich schließlich der Wert der Güter noch nicht aus der Beziehung zum wirtschaftenden Individuum abgeleitet wurde, so bemaß er sich doch ebensowenig aus dem »inneren« Wert, sondern aus der Nützlichkeit, der neuen Kategorie frühneuzeitlichen Denkens.[175] Was unmittelbar der Kasse des Landesherrn nutzte und sie füllte, war erlaubt, und damit erhielt die freie, selbstbewußte und selbstverantwortliche Persönlichkeit ihre Chance.

Politische und soziale Auswirkungen individualistischen Denkens lassen sich ab dem 17. Jahrhundert aufspüren, als der Offenbarungsglaube an politischer Bedeutung verlor und alles mit der weltlichen Vernunft begründet wurde. Kein Theoretiker des 17. Jahrhunderts war mehr von der unmittelbaren Schöpfung des Staates durch Gott überzeugt, der Staat galt als Produkt menschlicher Vernunft. Er repräsentierte weiterhin das Gemeinwohl, doch spielten die Bedürfnisse des Einzelnen erstmals eine Rolle. Die Fragen nach dem ursprünglichen Zusammenleben, nach der Rolle des Individuums im Staat wie nach der Legitimation des Staates führten bei Befürwortern wie Kritikern des Absolutismus zu einer Vertragstheorie, nach der der Staat eine Schöpfung und ein Werkzeug des Individuums ist.

Ein Modell zur Lösung der Spannungen zwischen der Unterordnung unter den Staat und die Bedürfnisse der Gemeinschaft und den Selbstinteressen des Einzelnen bot der englische Theoretiker Thomas Hobbes (1588–1679) in seinem »Leviathan«. Nach ihm war der Staat das Produkt eines Vertrags und einer Unterwerfung unter einen »Souverän«, der den Kampf aller gegen alle in der Naturgesellschaft des Menschen durch die Unterordnung des Selbstinteresses unter das Gemeininteresse beendet, um Gerechtigkeit und Frieden sicherzustellen. Der Staat war ein Produkt der menschlichen Vernunft, um das Überleben zu garantieren. Zwar hatte Hobbes damit noch kein eindeutiges Plädoyer für den politischen Individualismus abgegeben, dennoch wurden vier seiner Thesen für die Diskussion über politischen Individualismus wegweisend. Erstens: Es gab ein menschliches Zusammenleben vor dem Staat, der Staat ist also ein Produkt des Menschen. Der Mensch folgt zweitens von Natur aus seinen Bedürfnissen, doch diese Verfolgung von eigenen Interessen gefährdet das Zusammenleben. Drittens: Der Staat ist das Produkt eines Vertrags von freien und gleichen Menschen. Viertens ist der Souverän der Garant von Frieden und Gerechtigkeit, dem man bedingungslos gehorchen muß.[176]

Einen Schritt weiter ging ein zweiter Engländer, John Locke (1632–1704). Er war ebenfalls überzeugt, daß der Staat keine Schöpfung Gottes sei, hielt ihn aber ebensowenig für ein unmittelbares Erzeugnis der menschlichen Gesellschaft, sondern sah in ihm eine bewußte Schöpfung des menschlichen Willens, der von der Vernunft beherrscht wird und die Grundsätze der ewigen Gerechtigkeit verwirklichen soll.[177] Locke brachte drei Argumente neu in die Diskussion um den bürgerlichen Staat, durch die der politische Individualismus vor allem in England eine spezifische Ausprägung erfuhr. Wenn der Staat ein Werk des Menschen ist, so sein erstes Argument, dann muß der Staat den menschlichen Interessen dienen. Der Staat hat kein abstraktes Ziel, sondern ist zum Nutzen des Einzelnen da. Der Mensch besitzt zweitens von Natur aus Rechte, die auch durch den Unterwerfungsvertrag nicht gelöscht werden. Dazu gehört das Recht auf individuelles Eigentum. Schließlich und drittens begründet Locke das Recht auf Eigentum mit der menschlichen Arbeit. Sie gibt ein persönliches Recht auf das durch sie geschaffene Produkt. Damit ist Locke aber noch kein radikaler Verfechter des politischen und ökonomischen Individualismus.[178]

Zu Anfang des 18. Jahrhunderts konkurrierten drei verschiedene Ansichten bei der Bestimmung des Verhältnisses zwischen dem Zweck der Gesamtheit, also des Staates, und der Unterordnung des Individuums unter die Allgemeinheit. Einmal gab es immer noch die alte universalistische Lehre, nach der der Staat und die Wirtschaft als Produkte der Vernunft verstanden wurden – an dieser Lehre partizipierten auch die Physiokraten. Daneben gab es die Überzeugung vom menschlichen Selbstinteresse als Prinzip des öffentlichen Lebens, das zum Nutzen der Gesellschaft durch die Vernunft gelenkt und gehemmt werden muß. Die dritte Meinung, die langsam vorherrschend wurde, ging davon aus, daß der Staat und die Gesellschaft zwar nicht der Vernunft unterworfen sind, die Vernunft es sich aber zur Aufgabe gesetzt hat, die natürlichen Gesetze des menschlichen Lebens zu finden und sie zur Geltung zu bringen. Es gab keinen Theoretiker mehr, der die menschlichen

Selbstinteressen nicht ernst nahm, ja positiv bewertete, Mandeville (Bienenfabel) war sogar davon überzeugt, daß der individuelle Trieb der eigentliche Förderer des Gesamtwohls sei.[179] Es war bezeichnend für die soziopolitische Lage in Westeuropa im 18. Jahrhundert, daß in Frankreich alle Theoretiker die natürlichen Interessen wahrnahmen, sie aber wie Rousseau stets der Gesamtheit untergeordnet sehen wollten, auch als das Volk an die Stelle des Monarchen trat.

Zum Durchbruch kam der politische wie ökonomische Individualismus jedoch wieder in Großbritannien, vor allem durch Adam Smith (1723–1790).[180] Er spitzte die Diskussion nun in drei Punkten zu: Erstens sind die lange umstrittenen Selbstinteressen nicht nur hinzunehmen und durch die Vernunft zu zügeln, sondern stellen einen sittlich durchaus berechtigten Trieb dar, denn gemäß dem Plan der göttlichen Vorsehung verfolgen sie das Wohl des Ganzen. Zweitens: Die Gesamtheit (= Staat) repräsentiert nicht ein metaphysisches Ganzes, sondern setzt sich aus der Summe der Einzelinteressen zusammen. Das Wohl des Staates ist identisch mit dem Wohl der Einzelnen. Den Ausgleich zwischen individuellen und kollektiven Interessen schafft drittens nicht mehr die Vernunft, sondern der Ausgleich liegt im göttlichen Weltplan begründet, der nur eines zum Ziel hat: das Glück auf der Welt zu verbreiten. Diese optimistische Weltsicht bildet tatsächlich eine entscheidende Grundlage für den politischen und wirtschaftlichen Individualismus. Smith baut auf die Harmonie widerstreitender Interessen, die nur eines im Sinn haben, die Produktivität zum Wohl des Einzelnen zu steigern. »Dagegen ist der Mensch fast immer auf Hilfe angewiesen, wobei er jedoch kaum erwarten kann, daß er sie allein durch das Wohlwollen der Mitmenschen erhalten wird. Er wird sein Ziel wahrscheinlich viel eher erreichen, wenn er deren Eigenliebe zu seinen Gunsten zu nutzen versteht, indem er ihnen zeigt, daß es in ihrem eigenen Interesse liegt, das für ihn zu tun, was er von ihnen wünscht [...] Nicht vom Wohlwollen des Metzgers, Brauers und Bäckers erwarten wir das, was wir zum Essen brauchen, sondern davon, daß sie ihre eigenen Interessen wahrnehmen.«[181]

Individuum und Aufklärung

Den stärksten Schub erfuhr die Entdeckung und Entfaltung des modernen Individuums durch die Aufklärung. Wie die entstehende Wissenschaft vom Menschen und die zunehmende Selbstthematisierung des aufsteigenden Bürgertums in autobiographischen Zeugnissen des 18. Jahrhunderts zeigen, bildete die Förderung des Individuums den Mittelpunkt des aufklärerischen Diskurses. Vieles blieb nur theoretisch formuliert, aber es kam durchaus zu sozialpolitischen Forderungen, wie etwa bei der Formulierung von Menschenrechten zu Ende des 18. Jahrhunderts. Zum Schutz des Individuums wurden klare Grenzen der staatlichen und kirchlichen Macht gezogen, und der einzelne Mensch wurde aufgefordert, aktiv an der Gestaltung der bürgerlichen Gesellschaft teilzuhaben und seine Individualrechte zum Nutzen der Allgemeinheit in Anspruch zu nehmen. Obwohl an diesem Diskurs nur eine kleine intellektuelle Elite unmittelbar beteiligt war, implizierten die intellektuellen Forderungen der Aufklärung universalistische Anliegen, die im Prinzip alle Menschen betrafen. Der Diskurs um das selbsttätige Individuum zeigte überall dort mehr oder weniger unmittelbare sozialpolitische Konsequenzen, wo, wie in Frankreich, traditionelle Kräfte durch ein emanzipiertes Bürgertum politisch und sozial überwunden wurden.

Wo es, wie in Deutschland und England, zu keinem politischen Umbruch kam, spielten der aufklärerische Individualismus und die zunehmende Individualisierung dennoch eine Rolle – einerseits für die Säkularisierung der Gesellschaft im 18. Jahrhundert, andererseits für die Reformbewegungen des absolutistischen Staates. Das Bürgertum, die Funktionselite des aufgeklärten Staates, die schreibende und lesende Oberschicht wie auch die neue Kaufmannschaft entdeckten sich und ihre eigenen Interessen. In dieser bürgerlichen Sozialgruppe vollzog sich mehr oder weniger außerhalb der absolutistischen Öffentlichkeit eine Individualisierung, die zusehends staatliche und kirchliche Normen außer acht ließ. Sosehr alle Bestrebungen »privat« blieben, also die staatliche Sphäre nicht tangierten, stärkte der Aufruf zum Selbstdenken, zur Beteiligung an der Aufklärungsbewegung und zum Einsatz für Aufklärung und Menschenwürde einen sozialen Individualismus, der das bürgerliche Subjekt stabilisierte.

Die Durchsetzung von Gedanken- und Glaubensfreiheit, von Eigentumsrecht und Gewerbefreiheit markierten wichtige Stationen auf dem Weg in eine Individualgesellschaft, die allerdings die Idee des Allgemeinen, das über allen Individuen steht, nicht aufgeben sollte.[182]

Selbstdenken – Selbstbildung – Selbstbestimmung

»Selbstdenken heißt, den obersten Probierstein der Wahrheit in sich selbst (d.h. in seiner eigenen Vernunft) suchen, und die Maxime, jederzeit selbst zu denken, ist die Aufklärung«, heißt es in der bekannten Schrift von Kant »Was heißt: sich am Denken orientieren« von 1786.[183] Sicherlich hat die aufklärerische Gesellschaft insgesamt nicht so entschieden gedacht wie Kant, aber seine Forderung nach dem Selbstdenken war eine konsequente Forderung der Aufklärung. Aufklärung hieß ja nicht nur, Wissen und Wissenschaft zu fördern, praktische Reformen durchzuführen und überall mehr Vernunft walten zu lassen, sondern gleicherweise, sich selbst in den Aufklärungsprozeß einzubringen, also vor allem selbst zu denken. Gemeint war damit keineswegs, alles der eigenen Vernunft zu unterwerfen und die traditionelle Mächte- und Ständeordnung sozialpolitisch aufzukündigen, sondern das eigene Denken und Handeln nicht mehr an vorgegebenen traditionellen Normen zu orientieren, in allen entscheidenden Situationen selbst zu denken und neue Normen zu entwickeln, die nun als »freier«, weniger eng und fortschrittlicher galten.

Selbstdenken war eine Aufgabe aller Aufklärer. Bei Adam Bergh heißt es in seiner Schrift »Bewirkt die Aufklärung Revolutionen«

von 1795: Das »Kennzeichen« der Aufklärung ist »Selbständigkeit und Freiheit von jeder fremden Meinung. All unser Wissen und Glauben ist durch eigenes Forschen und eigenes Anstrengen unser Eigentum und hat sich der Form unseres Geistes angeschmiegt. Die Aufklärung ist daher der freie selbständige Gebrauch aller unserer Anlagen und Kräfte im Denken und Tun. Den höchsten Grad der Aufklärung hat der Mann erreicht, der den Mut und die Kraft hat, sich allenthalben seines eigenen Verstandes zu bedienen. Er ist daher eigentlicher Selbstdenker: er hat sich von jedem Fürwahrhalten, das nicht die eigenste Form seines Geistes durch Freiheit angenommen hat, losgerissen.«[184]

Das Postulat des Selbstdenkens schloß Selbstbildung ein. Der Aufklärer war aufgefordert, es nicht bei der Bildung, die ihm Erziehung und Schule vermittelt hatten, bewenden zu lassen; er sollte seine Bildung weiter selbst in die Hand nehmen und neue Institutionen schaffen, die geeignete Voraussetzungen dazu boten. »Du selbst bist, was aus Allem du dir schufst und bildetest und wardst und jetzo bist, Dir bist, dein Schöpfer selbst und dein Geschöpf«, heißt es bei Herder.[185] Als Mittel der Selbstbildung bot sich vor allem der expandierende Literaturmarkt des späten 18. Jahrhunderts mit seiner Flut von Zeitschriften, Sachbüchern und literarischen Werken an.[186] Sie alle dienten neben der Information auch der Erweiterung des eigenen Denkens; sie sollten dazu anregen, selbst intellektuell aktiv zu werden. Darüber hinaus hieß Selbstbildung, Wissen anzuhäufen, praktische Reformen anzuregen und den Literaturbetrieb zu fördern, schließlich sich selbst als Mensch und Aufklärer moralisch zu vervollkommnen, sich zu einem eigenständigen und selbstdenkenden Menschen zu bilden, der nicht aufgrund von vorgegebenen Normen handelte, sondern aus moralischer Verpflichtung heraus, und zwar als Hausvater wie Bürger, Gelehrter oder Politiker.

Selbstbildung war dabei kein Prozeß, in dem der Einzelne allein stand, Selbstbildung hieß auch nicht, wie später im Neuhumanismus, im eigenen Selbst das Ziel zu erblicken. Eine aufklärerische Selbstbildung konnte sich nur im schriftlichen und mündlichen Gespräch mit anderen außerhalb der traditionellen Kulturzentren von Kirche und Hof vollziehen. Als zentrale Medien der Selbstbildung galten das Lesen und die Diskussion mit gleichgesinnten Freunden. Einen schriftlichen Niederschlag fand dieser Selbstbildungsprozeß in den zahlreichen Korrespondenzen des 18. Jahrhunderts.

Vor allem wurden die Männer – Frauen waren in der Regel ausgeschlossen – zur Teilnahme an den zahlreichen Aufklärungsgesellschaften der Selbstbildung aufgefordert. Fast alle Aufklärer waren in der Freimaurerei, in den Lesegesellschaften und literarischen Klubs organisiert.[187] Diese waren – neben anderen Interessen – Räume der Wissensaneignung und somit der Selbstbildung. Selbst dem radikalen Illuminatenorden ging es weniger um politische Einflußnahme als vielmehr um Ausbildung der Mitglieder, so daß sie einmal ohne Vorgaben und Herrschaft selbständig handeln könnten. »Die Moral ist [...] die Kunst, welche Menschen lehrt, volljährig zu werden, der Vormundschaft loszuwerden, in ihr männliches Alter zu treten, und die Fürsten zu entbehren.«[188]

Selbstdenken und Selbstbildung wurden als Teil einer Selbstverwirklichung verstanden, die de facto die Konstituierung einer neuen mit hegemonialen Bildungsansprüchen auftretenden sozialen Gruppe, des Bürgertums, bedeutete. Selbstverwirklichung hieß für bürgerliche Männer, alle gebotenen Mittel der Aufklärung einzusetzen, um die Verwirklichung eigener Interessen zu erreichen und sein Leben danach einzurichten. In Goethes »Wilhelm Meister« heißt es: »Des Menschen größtes Verdienst bleibt wohl, wenn er die Umstände soviel als möglich bestimmt und sich sowenig wie möglich von ihnen bestimmen läßt. Das ganze Weltwesen liegt vor uns wie ein großer Steinbruch vor dem Baumeister, der nur dann den Namen verdient, wenn er aus dieser zufälligen Naturmasse ein in seinem Geist entsprungenes Urbild mit der größten Ökonomie, Zweckmäßigkeit und Festigkeit zusammenstellt. Alles außer mir ist nur Element, ja, ich darf wohl sagen, auch alles an uns; aber tief in uns liegt diese schöpferische Kraft, die das zu erschaffen vermag, was sein soll, und uns nicht ruhen und rasten läßt, bis wir es außer uns oder an uns auf eine oder die andere Weise dargestellt haben.«[189] Diese Selbstverwirklichung blieb freilich eine rein männliche Angelegenheit – wie die Zulassungsbeschränkungen der Freimaurerlogen und Lesegesellschaften zeigen.

Im Mittelpunkt stand die Konstituierung des neuen bürgerlichen Mannes.[190]

Wichtige Voraussetzungen für eine Selbstverwirklichung zumindest der (männlichen) intellektuellen Eliten waren einmal die Meinungs- und Glaubensfreiheit, zum anderen die Möglichkeit, in den sozialen Grenzräumen von Bürgertum und Adel eine eigene soziale Position zu erlangen, die finanzielles Überleben und intellektuelle Redlichkeit ermöglichte. In dem Maße, wie die Macht der traditionellen Kirche bereits vor der Säkularisierung nachließ und zugleich auch der absolutistische Hof die bürgerliche Gesellschaft sich selbst überließ, wuchs der Freiraum für bürgerliche Selbstverwirklichung.

Selbstdenken, Selbstbildung und Selbstverwirklichung waren Postulate der Aufklärung und als solche west- und mitteleuropäisch, doch ihre konkreten Chancen waren abhängig von der sozialen Kultur der verschiedenen Länder und Staaten, die den Aufklärungsprozeß unterschiedlich stark unterstützten. Die Kleinräumigkeit des Alten Reiches mit seiner stark ausgeprägten obrigkeitlichen Struktur und seinem kirchlichen Kontrollanspruch setzte andere Grenzen als das geschlossene Königreich Frankreich. Dessen Hauptstadt Paris zog viele Intellektuelle an, da sie dort ein relativ unabhängiges Leben realisieren konnten, das es vergleichsweise nur noch in England, speziell in London, gab. Während allerdings in Frankreich der königliche Absolutismus Adel und Bürgertum polarisierte, fand in England aufgrund des Parlamentarismus eine Angleichung der Lebensstile statt. Hier flossen die Wünsche nach eigenständigem Leben, nach intellektueller Unabhängigkeit und sozialer Machtposition am stärksten ineinander. Die sozialen Ansprüche der Aufklärung kamen dementsprechend am stärksten in England zur Geltung, während sie sich in Frankreich durch die Revolution von Grund auf sozial und politisch änderten. In Deutschland fand die bürgerliche Emanzipation eine Grenze im fest etablierten aufgeklärten Absolutismus; der bürgerliche Konstituierungsprozeß blieb weitgehend im Geistigen bzw. Intellektuellen »stecken«[191]. Kant vertrat einen Subjektivismus, der mit der politisch-sozialen Wirklichkeit letztlich wenig zu tun hatte.

Die Aufklärung thematisierte überall die gleichen Probleme, ihre Artikulation und Auswirkung war aber höchst unterschiedlich. Das Thema Individuum, das die Aufklärung erstmals gesamtgesellschaftlich formulierte, war zwar noch lange nicht Thema der politischen Diskussion, aber alle späteren Auseinandersetzungen gründeten auf dem selbstreflexiven Diskurs der Aufklärung.

Das Individuum im Roman des 18. Jahrhunderts

Das 18. Jahrhundert war nicht nur das Jahrhundert, das erstmals im Geiste der Aufklärung zum Selbstdenken, zum Selbsttätigwerden und zur Selbstbestimmung des männlichen Bürgertums aufrief, sondern auch individuelle Lebensläufe vorbildhaft literarisch präsentierte und propagierte. Es entstand der Bildungsroman, der die realistische Darstellung eines individuellen Lebens vermitteln wollte und dem Gebot der aufklärerischen Vernunft folgte.[192] Der Bildungsroman war in ganz Westeuropa verbreitet, seinen frühesten und stärksten Ausdruck fand er in England. Dazu trugen neben der puritanischen Tradition gleicherweise die säkularisierten, emanzipatorischen Interessen des Londoner Bürgertums bei, das sich der literarischen Bewegung vorbehaltlos öffnete und eine relativ große Toleranz und Meinungsfreiheit von seiten des Hofes wie der Kirche genoß, die zur Ausweitung von Eigeninteressen aufforderten.

Der »bürgerliche« Roman entwickelte sich im Rahmen einer philosophischen Diskussion um den Menschen und dessen Vernunftbefähigung und Empfindungsfähigkeit.[193] Es kam hier erstmals zur Definition der »individuellen Person«; empirisch säkulare und emanzipatorisch-ökonomische Interessen kamen zusammen. Eine exzeptionelle Rolle spielte dabei John Locke, der in seinem Essay »Concerning Human Understanding« ausführlich über die Identität der Person schrieb. Ausgehend von der Theorie vom leeren Bewußtsein und seiner allmählichen Füllung durch wechselnde

Erfahrungen, beruft sich Locke auf die psychologische Selbsterfahrung: »Eine Person ist dieselbe, wenn und solange sie sich als solche erlebt.« Eine Person ist für Locke ein »denkendes, intelligentes Wesen, das Vernunft und Reflexionsvermögen besitzt und sich als es selbst betrachten kann, als dieselbe denkende Substanz zu verschiedenen Zeiten und an verschiedenen Orten; wozu es nur durch das Bewußtsein imstande ist, das vom Denken untrennbar ist und, wie mir scheint, wesenhaft zum Denken gehört, weil es nicht möglich ist, daß jemand wahrnimmt, ohne wahrzunehmen, daß er wahrnimmt. Wenn wir sehen, hören, riechen, tasten, fühlen, meditieren oder wollen, dann wissen wir, daß wir dies tun. [...] Denn da das Denken immer vom Bewußtsein begleitet wird, und da dieses das ist, was jedermann dazu macht, was er sein Selbst nennt und wodurch er sich von allen anderen denkenden Substanzen unterscheidet, besteht darin allein die persönliche Identität, das heißt Dieselbigkeit eines vernünftigen Wesens.«[194] Locke wurde später heftig kritisiert, doch die Diskussion um die persönliche Identität, die Individualität des Menschen bewegte das ganze Jahrhundert. Vor allem forcierte sie die Entstehung und Entwicklung des englischen Romans. Er befreite sich sukzessive von der kollektiven Überlieferung und propagierte die Wahrheit der individuellen Erfahrung.

Dieses Interesse äußerte sich in »authentischen« Berichten über die »wirkliche« Erfahrung eines Individuums, das erstmals einen unverwechselbaren Eigennamen erhielt. Die historischen und typischen Namen verschwinden zugunsten konkreter Personen, die in einer bestimmten Zeit und an einem bestimmten Ort ihr individuelles Leben lebten.

Der erste bürgerliche Roman neuer Prägung stammt von Daniel Defoe (1660–1731), der als Kaufmann, Politiker und Schriftsteller alle Höhen und Tiefen des frühen 18. Jahrhunderts in England erlebt und erlitten hat. Sein »Robinson Crusoe« (1719) zählt zu den auflagestärksten und meistgelesenen Romanen des 18. Jahrhunderts.[195] Er schildert das Leben eines schiffbrüchigen Kaufmannssohns, der als Einziger auf einer karibischen Insel überlebte und aus eigener Kraft und großem Gottvertrauen mit Hilfe der Wrackreste eine neue (moderne) Zivilisation, die alle Grenzen der europäischen Kultur überschritt, errichtete. Erst nach 28 Jahren kehrte er in seine Heimat zurück.

Beim »Robinson Crusoe« handelte es sich nicht um einen gewöhnlichen Abenteuerroman mit spektakulären Erlebnissen, sondern um eine fiktive Lebensbeschreibung, die in jeder Weise mit der höfischen Romantradition brach. Es wurden keine traditionellen Werte mehr vermittelt, sondern ein alltägliches Leben geschildert, das jedermanns Schicksal hätte sein können, mit dem sich jeder identifizieren konnte. Literaturwissenschaftler sprechen von einem »universalen Repräsentanten«, der allen Menschen jenseits aller Standes-, Landes- und Religionszugehörigkeit eine gleiche Botschaft vermittelt. Jeder Mensch soll sich als ein vernünftiges, selbständiges und gottergebenes Wesen erweisen, dann wird er nicht nur materiellen Erfolg haben, sondern auch Gottes Wohlgefallen finden. Damit verkörpert Robinson Crusoe den entstehenden aufklärerischen Fortschrittsglauben und puritanisch-bürgerlichen Individualismus zugleich, der mit Gottvertrauen und Bürgersinn jede Situation zu meistern versteht. Robinson Crusoe denkt pragmatisch, utilitaristisch und ökonomisch, er macht sich die Natur untertan und setzt sein redlich erarbeitetes irdisches Wohlergehen mit göttlichem Wohlgefallen gleich. Die puritanischen Wurzeln sind unverkennbar, die puritanisch-bürgerliche Botschaft wird aber vollkommen säkularisiert. Die traditionellen Ordnungswelten wie Religion, Staat, Familie, Dorf haben keine dauerhaft gültige Bedeutung mehr. Wie in kaum einem anderen Buch des 18. Jahrhunderts werden die zwei Seiten des modernen bürgerlichen Menschen deutlich. Zum einen steht der Robinson Crusoe für die »unentfremdete schöpferische Produktivität des Menschen«, insofern handelt es sich um »das klassische Buch der Naturbeherrschung durch den homo faber, den Weltschöpfer der Aufklärung«[196]. Zum anderen repräsentiert Robinson Crusoe eine moderne »Egozentrik«, der alles untergeordnet wird – Robinson Crusoe ist unverheiratet, hat keine Nachbarn, keine Freunde, später nur einen Diener –, die als eine letzte Konsequenz des neuen Individualismus unverkennbar ist. »Alle Reflexion kehrt zu ihrem Ausgang zurück, und unser liebes Ich ist in gewisser Hinsicht unser Lebenszweck. Daher kann man mit Recht vom Menschen sagen, er sei mitten im Gewühl und der Eile der Menschen und der Geschäfte allein. Alle Überlegungen, die er anstellt, sind die seinen; alles, was angenehm ist, umfängt er für sich selbst, den Geschmack alles Verdrießlichen und Bitteren schmeckt nur sein eigener Gaumen.«[197]

Ein zweiter wichtiger Vertreter des bürgerlichen Romans in England ist Samuel Richardson (1689–1761), ein erfolgreicher Buchdrucker, Verleger wie Erzähler. Gegen den Libertinismus, Hedonismus, Epikuräismus und Materialismus der zeitgenössischen Aristokratie propagierte er das protestantisch-puritanische Tugendstreben des Bürgertums.

Seine »Clarissa« (1747/48) steht stellvertretend für den heldenhaften Kampf und den tragischen Untergang einer tugendhaften, schönen und intelligenten Frau bürgerlicher Herkunft, die einem gewissenlosen, aber durchaus großzügigen und kultivierten adeligen Verführer zum Opfer fällt und an gebrochenem Herzen stirbt.[198] Das Besondere des Romans gründet einmal in der sozialkritischen Geschichte Clarissas, die ein Muster weiblicher Tugend darstellt. Ihr Feingefühl des Herzens entspricht ihrer äußeren Schönheit. Sie ist ihren Eltern gehorsam, nur will sie nicht aus materiellen Gründen einen Parvenü heiraten, gerät dafür aber in die Verführungsgewalt von Lovelace, ohne im Untergang ihre persönliche Identität und Integrität aufzugeben. Während der Verführer die aristokratische Einstellung zur Sexualität verkörpert, repräsentiert sie die bürgerliche puritanische Moral. Trotz ihrer äußeren Verletzung siegt die bürgerliche Tugend moralisch. »Clarissa stirbt als Märtyrerin und Engel Gottes.«[199] Nicht minder faszinierend und neuartig als die Sozialkritik wirkten seinerzeit Richardsons psychologische Ausarbeitung der thematisierten Beziehungen und die literarische Vermittlungsform. Es handelt sich um einen großen, höchst komplexen Briefroman, in dem nicht nur Clarissa und Lovelace miteinander korrespondieren und dabei ihren Charakter und ihre Auffassungen offenlegen, sondern weitere kontroverse Personen, so daß ein multi-perspektivisches Bild einer Geschichte entsteht.[200] Die Schilderung des intimen Erlebens wird mit rationaler Analyse gekoppelt. Es kommt dabei zu einer besonderen »Spannung des Augenblicks«. Die Subjektivität des Gefühls erreicht in diesem Roman einen Höhepunkt. Die Entwicklung des Geschehens ist durch seelische Vorgänge bestimmt, die minutiös registriert, analysiert und geradezu sadistisch seziert werden. Richardsons Roman fand ein großes Publikum, vor allem in der weiblichen Leserschaft. Sein Einfluß war groß, begeisterte Leser waren unter anderen Rousseau und Goethe.

Als dritter paradigmatischer Roman des Bürgertums ist »Tom Jones« (1745) von Henry Fielding (1707–1754) zu nennen.[201] Fielding stammte aus einer Offiziersfamilie, studierte Jura, war Friedensrichter und Journalist. Ähnlich wie Defoe und Richardson thematisierte er reale Situationen und Gefühle von Menschen, die jeden betreffen konnten; es ging auch ihm um die Bewährung vor sich selbst und vor Gott. Zwar folgte er nicht der Egozentristik eines Robinson Crusoe, auch nicht der entschiedenen Verinnerlichung der bürgerlichen Moral von Clarissa, um so stärker zeichnete er dafür die Welterfahrung als konstitutiv für den Selbstfindungsprozeß.[202]

Fielding ist in seinem Roman einem gegenwartsnahen Realismus und der klassischen Bildungstradition verpflichtet; er verbindet moralische Erbauung mit satirischer Gesellschaftskritik. Der Roman erzählt die Geschichte des Findlings Tom Jones, dessen Identität erst am Schluß offenbar wird, seine Reifung von jugendlicher Unbekümmertheit zur Besonnenheit, die von einem allwissenden Erzähler kräftig und lebhaft geschildert wird. Versäumnisse, Fehler und Schwächen, die im bürgerlichen Alltag hervortreten, werden ebensowenig verschwiegen wie die Unbesorgtheit, Spontaneität und Hilfsbereitschaft Tom Jones'. Präsentiert wird kein Heroe, sondern ein bürgerlicher Held von guter Gesinnung und Herzensgüte. Im Zentrum des Romans steht der Mensch, besser die »menschliche Natur«[203]. Ihre Erscheinung ist dem konkreten Leben entnommen. Aber nicht minder wichtig als dieses Individuelle der Charaktere des Romans ist ihre Universalität, die zu jeder Zeit und von jedem Leser unmittelbar verstanden werden kann. Es geht um die Menschlichkeit des menschlichen Lebens, wobei jeder Charakter ernst genommen wird. Für Fielding ist kein Mensch nur schlecht, Gutes und Schlechtes treffen immer zusammen. Entscheidend sind allerdings Natürlichkeit,

Humor und Wohlwollen, wie sie Tom Jones zeigt, der Affären kennt, leidenschaftlich und verwirrt ist, sogar schuldig wird, aber schließlich – im Unterschied zu Richardsons sittlichem Hochgefühl des Tugendhaften – durch die Spontaneität seines guten Herzens gerettet wird. Ein gutes Herz ist Vorbedingung für jedes gute Handeln und jedes sittliche Gefühl.

Fieldings Roman bietet ein breites »Sittengemälde« der englischen Gesellschaft und fand durch die sympathische Gestalt des Tom Jones ebenfalls eine weite Leserschaft.

Die englischen Romane des frühen 18. Jahrhunderts repräsentieren Selbstentwürfe des aufgeklärten Bürgertums. Bestimmend war die Überzeugung von der moralischen Gestaltbarkeit des menschlichen Lebens. Mit dem Roman »Das Leben und die Meinungen des Tristram Shandy« (1759/67) von Lawrence Sterne änderte sich die optimistische Grundeinstellung.[204] Bezeichnend ist das Motto aus dem Handbüchlein der Moral von Epiktet: »Es sind nicht die Dinge, dic die Menschen verwirren, sondern die Meinungen über die Dinge.« Lawrence Sterne (1712–1768) wuchs in schwierigen Verhältnissen auf und verdiente sich seinen Lebensunterhalt als Landgeistlicher, ohne allerdings besonders kirchlich gesonnen zu sein.[205]

Sein ebenfalls vielgelesener Roman stellt ein komplexes parodistisches Spiel mit allen bekannten Verfahren des Erzählens und der Sprache dar. Er ist einerseits Cervantes und Rabelais verpflichtet, andererseits John Locke, nach dem die Sinneseindrücke die einzige Grundlage von Erkenntnissen darstellen. Die Botschaft des Romans ist, daß die Menschen unfähig seien, ihr Leben nach der Vernunft zu gestalten, weil die Meinungen nicht mit den Dingen und Realitäten übereinstimmten. Raum und Zeit sind in »Tristram Shandy« zu verinnerlichten Erfahrungen geworden, mit denen er frei assoziiert, je nachdem, wie die Empfindungen sind. Der Roman beginnt mit Tristrams Zeugung: Sein Vater will für seinen zukünftigen Sohn all sein Wissen und seinen Tatendrang im Akt der Zeugung konzentrieren. Das aber schlägt fehl, weil im entscheidenden Moment seiner Ehefrau einfällt, ihn danach zu fragen, ob er die Uhr aufgezogen habe. So geht im Leben des Sohnes alles schief. Der Roman schildert eine einzige Kette von Mißverständnissen und Frustrationen, über die sich Sterne lustig macht. Der Anspruch der Aufklärung auf Wahrheitsfindung und Planbarkeit des Lebens wird brüchig. Alles Planen scheitert an der menschlichen Natur, an den Launen der Geschichte, an der Heteronomie der Zwecke. Der Ich-Erzähler ist ein selbstkritischer Erzähler, der in der Handlung nach vorn und rückwärts springt, dem sich die Charaktere unter der Hand verselbständigen, wodurch das Individuum seine Orientierung nicht mehr in der objektiven Welt finden kann. Was allein zählt, ist die Empfindung füreinander.[206]

Das neue, bürgerliche Individuum, seine moralische Selbstbehauptung im Alltagsleben, war ein bedeutendes Thema des englischen Romans des 18. Jahrhunderts. Auf dem Kontinent war dieses Interesse sehr viel weniger ausgeprägt. Unabhängig davon, daß hier die literarische Thematisierung individueller Lebensgefühle viel später einsetzte, vollzog sich der »Individualisierungsprozeß« selbst, vor allem in Deutschland, viel gemäßigter. Beispielhaft für die deutsche Entwicklung sind die Romane des Patriziersohnes und Weimarer Geheimrats Goethe; sie spiegeln alle Möglichkeiten des späten 18. Jahrhunderts wider.

Bei »Wilhelm Meisters Lehrjahren« von 1795/96 handelt es sich um einen klassischen Bildungsroman, der in Abkehr von der subjektivistischen Sturm- und Drangperiode die »objektive« Entwicklung eines »bürgerlichen« Helden zur individuellen Selbständigkeit und Selbstbestimmung aufzeigt.[207] »Wilhelm Meister« faßt damit das deutsche aufklärerische Bildungsprogramm zusammen. Es geht nicht um die moralische Selbstbehauptung in der »konkreten« Welt, sondern um die »Ausbildung« des Individuums und aller jener Kräfte und Fähigkeiten, die in ihm angelegt sind. »Mich selbst ganz wie ich da bin, auszubilden, das war dunkel von Jugend auf mein Wunsch«, schreibt Wilhelm Meister.[208] Als Hindernis erweist sich vor allem die Schwierigkeit, sich als Bürger und Staatsbürger in einer Welt zu behaupten, in der einerseits der Adel, andererseits das Kleinbürgertum vorherrscht. »Wäre ich ein Edelmann, so wäre unser Streit bald abgetan; da ich aber nur ein Bürger bin, so muß ich einen eigenen Weg nehmen, und ich wünsche, daß Du mich verstehen mögest. Ich weiß nicht, wie es in fremden

Ländern ist, aber in Deutschland ist nur dem Edelmann eine gewisse allgemeine, wenn ich sagen darf, personelle Ausbildung möglich. Ein Bürger kann sich Verdienst erwerben und zur höchsten Not seinen Geist ausbilden; seine Persönlichkeit geht aber verloren, er mag sich stellen, wie er will.«[209] Thema des Romans ist das in der Aufklärung propagierte Recht des freien Individuums, Ich zu sein. Sosehr Goethe ein »harmonisches« Verhältnis zwischen Handeln und Denken vorschwebt und er deswegen die Bekanntschaft mit Geld und Geschäften für nötig hält, sind es doch ästhetische und literarische Erfahrungen, die Wilhelm Meister zur individuellen Persönlichkeit heranbilden. Zwar plädiert Goethe damit nicht für die Kunst als individuelle Existenzform und Lebenserfüllung; eine universelle Ausbildung der einzelnen Person ist nur in Gemeinschaft Gleichstrebender (Turmgesellschaft) erreichbar – dennoch bleibt Goethe bzw. Wilhelm Meister Künstler. Die Idee vom Individuum verpflichtet hier zur »Ausbildung«. Der Glaube an das »Schöpferische« des Menschen macht die Welt planbar und dem Menschen unterwerfbar, ohne daß die soziale Wirklichkeit dabei einer totalen Änderung bedarf.

Der Kampf um Menschenrechte

Die Entdeckung des modernen Individuums und die Forderung nach Selbsterkenntnis und Selbstbestimmung korrespondierte im 18. Jahrhundert mit dem Kampf um die Menschenrechte, um individuelle Freiheitsrechte, die das Individuum vor staatlicher Willkür schützen sollten.[210]

Der Kampf um die Freiheit des Menschen ist alt, auch die Philosophen und Staatstheoretiker der frühen Neuzeit bemühten sich, die Rechte und Pflichten der Menschen näher zu bestimmen. Aber stets stand im politischen Feld die Freiheit der Kooperation zur Diskussion, und nicht die des einzelnen Individuums. Von großer Bedeutung wurde das christliche Naturrecht. Ein erster Schritt in der Herausbildung der modernen Menschenrechte war die »Petition of Rights« von 1628, die für alle Engländer gewisse Rechte, etwa den Schutz gegen Erhebung eigenmächtig ausgeschriebener Steuern oder gegen willkürliche Verhaftung, forderte. Etwas weiter ging die »Habeas-Corpus-Akte« von 1679, die die persönliche Freiheit wirksam zu garantieren versuchte, indem sie die Verhaftung an feste Regeln band, ein freies Petitionsrecht aller Untertanen und die Freiheit der Wahlen und der Debatten im Parlament sicherte. Erstmals forderte John Locke das Recht auf Leben, Freiheit, Eigentum und Sicherheit als natürliche Menschenrechte, was eine entscheidende Wende in der öffentlichen Diskussion herbeiführte.[211]

Aber weder für die amerikanische Unabhängigkeitserklärung von 1776 noch für die Französische Revolution von 1789 spielte die alteuropäische Freiheitstradition eine besondere Rolle. Sie haben keine unmittelbare sozialpolitische Vorgeschichte. Sicherlich forcierte die allgemeine Diskussion um Glaubens- und Gewissensfreiheit, wie sie Independenten, Täufer, Quäker und Levellers vorantrieben, die Idee der Freiheitsrechte des Menschen. Aber von einem angeborenen Menschenrecht auf Gewissensfreiheit sprach zuvor niemand.[212]

Dementsprechend entsprang die erste Menschenrechtserklärung der »Bill of Rights« von Virginia im Jahre 1776 keineswegs religiösen Interessen. In den Auseinandersetzungen zwischen den Kolonien und dem Mutterland, aus denen die Erklärung der Menschenrechte hervorging, standen weltliche Fragen zur Debatte, besonders das Besteuerungsrecht. Erst als der Kampf zu Maßnahmen zwang, für die die Gesetze Großbritanniens keine Rechtsgrundlage mehr boten, kam es zur Ausformulierung von allgemeinen Rechten der Menschen. Die Unabhängigkeitserklärung vom 4. Juli 1776 legte fest, daß die Menschen mit unveräußerlichen Rechten ausgestattet seien. Weil diese Erklärung nicht einem grundsätzlichen theoretischen Programm entsprang, sondern lediglich dem Bedürfnis zur Rechtfertigung des Abfalls vom britischen Mutterland, wurden de facto nur die Grundsätze angewandt, die den wirtschaftlichen und sozialen Verhältnissen in Amerika Rechnung trugen. Niemand dachte an die unveräußerlichen Rechte auf Freiheit und Gleichheit auch der schwarzen Sklaven. Außerdem gab es nur ein begrenztes aktives Wahlrecht. In Erinnerung blieb die Unabhängigkeitserklärung dementsprechend weniger als Manifestation der Menschenrechte denn als eine kühne Verkündigung der Unabhängigkeit. Knapp, wenn auch klar und deutlich, heißt es in der »Bill of Rights« von Virginia: »Alle Menschen sind von Natur aus gleichermaßen frei und unabhängig und besitzen gewisse angeborene Rechte, deren sie, wenn sie den Status einer Gesellschaft annehmen, durch keine Abmachung ihre Nachkommenschaft berauben oder entkleiden können, und zwar den Genuß des Lebens und der Freiheit und dazu die Möglichkeit, Eigentum zu erwerben und zu besitzen, und Glück und Sicherheit zu erstreben und zu erlangen.«[213] Bei der Formulierung spielte die Staatsphilosophie der Rationalität von Locke und Montesquieu bis zu Blackstone und Mably wohl eine Rolle, doch letztendlich machten nicht die europäischen Erfahrungen die Stärke der Unabhängigkeitserklärung aus, sondern die Tatsache, daß sich Amerika ohne revolutionären Umsturz eine Verfassung gab, die die Freiheit des »Selfmademan« zum Ideal der Gesellschaft erhob.

Im Unterschied zur Unabhängigkeitserklärung wurde die »Déclaration des droits de l'homme et du citoyen« der Französischen Revolution vom 26. August 1789 zur Programmschrift der Menschen- und Bürgerrechte. Zu einzelnen Inhalten brachte die Deklaration, die übrigens bei der Unabhängigkeitserklärung durchaus Anleihen machte, zwar nichts grundsätzlich Neues, ihre Menschenrechtserklärung entstand jedoch in einem völlig anderen Zusammenhang. Es ging um die Abschaffung absolutistischer Herrschaft in einem Land ohne große genossenschaftliche Tradition. Die Gleichheit wurde dementsprechend stärker betont. Ihre Vollendung erfuhr die Erklärung von 1789 in der »Verfassung« von 1791. Hier heißt es eingangs:

»1. Die Menschen werden frei und gleich an Rechten geboren und bleiben es. Die gesellschaftlichen Unterschiede können nur auf den gemeinsamen Nutzen gegründet sein.

2. Der Endzweck aller politischen Vereinigung ist die Erhaltung der natürlichen und unabdingbaren Menschenrechte. Diese Rechte sind die Freiheit, das Eigentum, die Sicherheit, der Widerstand gegen Unterdrückung.

3. Der Ursprung aller Souveränität liegt seinem Wesen nach beim Volke. Keine Körperschaft, kein einzelner kann eine Autorität ausüben, die nicht ausdrücklich hiervon ausgeht.

4. Die Freiheit besteht darin, alles tun zu können, was einem anderen nicht schadet. [...]

6. Das Gesetz ist der Ausdruck des allgemeinen Willens. Alle Staatsbürger sind befugt, zur Feststellung desselben persönlich oder durch ihre Repräsentanten mitzuwirken. Es soll für alle das gleiche sein, es mag beschützen oder bestrafen. Da alle Bürger vor seinen Augen gleich sind, so können sie gleichmäßig zu allen Würden, Stellen und öffentlichen Ämtern zugelassen werden auf Grund ihrer Fähigkeiten und ohne anderen Unterschied als den ihrer Tugenden und ihrer Talente.«[214]

Die Deklarationen von 1776 und 1789 verkörpern den Traum, selbstbestimmt in der bestehenden sozialen Ordnung zu leben und die Gesellschaft und politische Ordnung so zu gestalten, daß das sich entfaltende Individuum zu seinem Recht kommt. Beide Erklärungen sind Produkte bürgerlichen Selbstbestimmungswillens, die, so universalistisch sie gedacht waren, doch nicht alle Menschen umfaßten, geschweige denn zur Verfassungswirklichkeit moderner Staaten wurden. Manches wurde erst im 19., vieles erst im 20. Jahrhundert verwirklicht. Als politische Ausdrucksformen frühneuzeitlichen »Individualismus« waren sie jedoch einzigartig. Sie gingen weit über das hinaus, was die europäische Philosophie bis dahin gedacht hatte. Daß Lockes Menschenverständnis und Rousseaus Selbsterkenntnis bei der Formulierung der Menschenrechte eine große Rolle spielten, zeigt die enge Verknüpfung von Demokratisierung einerseits und Individualisierung andererseits im aufklärerischen Denken.

Sozialhistorische Hintergründe des frühmodernen Individualismus

Fragt man nach den sozialen Ursachen des frühmodernen Individualismus, der erstmals verstärkt in der Renaissance und dann vor allem in der Aufklärungszeit nicht nur ideell, sondern auch praktisch greifbar wird, dann gilt es zum einen zu bedenken, daß dieser »Entdeckungsprozeß« des modernen Individuums sich sehr langsam und in verschiedenen Phasen vollzog; es sind weder die »Anfänge« festzulegen, noch waren in Europa Ereignisse auszumachen, die diese Entwicklung im besonderen Maße vorantrieben. Zum anderen verlief der Prozeß in sozialer wie geographischer Hinsicht sehr uneinheitlich. Es lassen sich keine klar umrissenen sozialen Gruppen festlegen, die den frühmodernen Individualismus früher als andere adaptiert hatten; ebensowenig kann man sagen, daß die englische Entwicklung eine konsequentere und fortschrittlichere individuelle Kultur hervorbrachte als etwa Frankreich oder Deutschland. Die liberale Verfassungsstruktur in England war ein wesentlicher Faktor im Individualisierungsprozeß, aber liberale Tradition produzierte nicht per se individualistisches Verhalten. Dann hätte es in katholischen Räumen keine Spur von Individualismus geben dürfen. Mögen individualistische Ideen und Praktiken zunehmend im »Bürgertum« aufgetreten sein und die westeuropäischen Staaten die Feudalstruktur am ehesten überwunden haben, sind Pauschalisierungen dennoch unangebracht. Obwohl der frühmoderne Individualismus etwas grundsätzlich Neues darstellte, hatte er eine lange Vorgeschichte und erwuchs aus verschiedenen Traditionen.

Es gibt zunächst einmal eine lange christliche Vorgeschichte der Selbstbestimmung und Selbstdisziplinierung, die durch die Reformation im Maße der Reduktion magischer Denk- und Verhaltensformen verstärkt wurden. Der Puritanismus im allgemeinen wie einzelne subjektivistische religiöse Bewegungen im besonderen haben für die Stärkung von Subjektivität und Individualität Vorleistungen gebracht, die man nicht verkennen darf. Dabei propagierte der Puritanismus alles andere als die »Befreiung« des Individuums. Der frühmoderne Subjektivismus und Individualismus brach zwar mit der feudalen Tradition und Gesellschaftsstruktur, aber keineswegs mit der christlichen Glaubens- und Lehrtradition. Diese bildete oft geradezu den Nährboden für moderne subjektivistische Bewegungen. Außerdem spielte die Hinwendung zum Menschen und zur Welt, die sich seit der Renaissance, im Zuge der Entwicklung der Wissenschaft und schließlich in der Aufklärung zu einem Programm der Weltunterwerfung zur Förderung menschlichen Wohlstandes und Glücks verdichtete, eine beträchtliche Rolle. Säkulare Selbstbildung, individuelle Selbständigkeit, Konzentration auf das eigene Ich und Selbstbestimmung hatten als neue Aufgaben und Ziele aufklärerischer Lebensgestaltung ein eigenständiges, von religiösen und sozialen Stimmungen unabhängiges Gewicht mit einer eigenen Dynamik. Wirksam wurden sie dennoch erst in bestimmten sozialen Situationen.

Der säkulare Individualismus hat eine seiner sozialen Wurzeln in der seit dem 18. Jahrhundert entstehenden »bürgerlichen« Familie, die trotz ständischer Einbindung neue Formen der Selbstbestimmung und des Zusammenlebens hervorbrachte. In dieser materiell weitgehend abgesicherten Familie, in der sich eine Trennung von Familienleben und Erwerbsleben vollzog, entstand ein moralischer Binnenraum der kulturellen Selbstbestimmung. Er schuf Voraussetzungen für neue emotionale Beziehungen sowohl zwischen den Ehepartnern wie zwischen Eltern und Kindern. Das nach außen abgeschirmte Familienleben, in dem bürgerliche Werte der Tugend und Ordnung einen günstigen Boden fanden, und die verstärkte Konzentration auf die Kinder und ihre Erziehung und Ausbildung schufen Sozialisationsvoraussetzungen, die der individuellen Entwicklung zugute kamen. Als vorrangige Lebensziele wurden nicht mehr die Erhaltung der Tradition und die Sicherung des Besitzes propagiert, sondern der soziale Aufstieg und das »Lebensglück«.

Die verstärkte Hinwendung zum Individuum, zum Individuellen, war ein Produkt der sozialen Interessen des Bürgertums, das sich anschickte, durch Produktion und Anhäufung ökonomischer Macht, aber auch kultureller und administrativer Werte, eine führende Position in der Gesellschaft zu übernehmen. In scharfer Abgrenzung vom niederen Volk, und ebenso von der höfisch-adeligen Klasse, propagierte das »Bürgertum« eine neue Tugendwelt der Moral und Leistung, der Nützlichkeit und Verantwortlichkeit, die es auch praktisch einzulösen gedachte. Es verbündete sich gegen die Tradition, insofern es sich neuen Entwicklungen stellte, trat ein für einen bürgerlichen Rechtsstaat, in dem Schutz des Privateigentums und Denkfreiheit zu konstitutiven Grundrechten aller Menschen wurden. Auf das Selbsterarbeitete und auf die persönlichen Gedanken hatte der Staat kein Anrecht. Der Adel war zwar der neuen bürgerlichen Kultur und Aufklärung gegenüber aufgeschlossen, und einige wichtige Vertreter der Aufklärung waren Adelige, aber die soziale Basis fanden die Aufklärung und die neue Lebenswelt des Lesens, Diskutierens und Planens im aufsteigenden Bürgertum, das gilt für alle europäischen Gesellschaften. Mit der »Entdeckung« des Individuums wurde dennoch die alte Idee des Allgemeinen, des Ganzen des Gemeinwohls nicht verabschiedet, doch Einzelinteressen und Gemeininteressen wurden nicht mehr als entgegengesetzt begriffen.

Von nicht unwesentlicher Bedeutung bei der Entstehung des frühmodernen Individualismus war schließlich der zunehmende »Verstaatungsprozeß«, die Verdichtung der weltlichen Herrschaftsordnung, durch welche die Staaten eigentlich Untertänigkeit förderten und ihre Übermacht dokumentierten, ja Eigentätigkeit unterbanden. Gleichzeitig war es der Staat, der neue Handlungsräume schuf und sogar absicherte, die dem einzelnen Individuum zugute kamen. Dies gilt im Gewerbebereich, in dem der Staat eigenständiges Handeln privilegierte, auch wenn es gegen die Tradition verstieß, ebenso wie im administrativen Bereich, in dem sich der Staat bürgerlichen Interessen öffnete. Das Leistungsprinzip sollte zwar vorrangig dem Staat nützen, kam aber auch dem einzelnen zugute. Nicht zuletzt unterstützte der Staat die Säkularisierung der Gesellschaft, indem er den kirchlichen Einfluß zugunsten aufklärerischer Interessen dämpfte. Sicherlich öffnete sich der Staat den neuen Anforderungen erst unter dem Druck der eigenen Bedürfnisse, aber dieser Prozeß verselbständigte sich. Die regulierende staatliche Tätigkeit unterstützte dadurch zumindest indirekt den Emanzipationsprozeß der Bürger und kam durch die Sanktionierung der zunehmenden Trennung von Öffentlichkeit und Privatem ihren Interessen entgegen. Der Staat wurde genötigt, sich ausschließlich den »öffentlichen« Angelegenheiten zu widmen und die »privaten« den selbstregulierenden Kräften des Bürgertums zu überlassen. Einen mündigen und selbstbewußten Bürger zu erziehen, wurde Ziel der neuen Moralpolitik. Die Entwicklung der »Staatlichkeit« verlief in England, Frankreich und Deutschland sehr unterschiedlich, aber überall gaben die sich auflösenden Feudalsysteme den Widerstand gegen den eigenständigen Bürger auf und unterstützten zu ihrer Selbsterhaltung den Prozeß der Individualisierung und des Individualismus.

Der frühmoderne Individualismus war in seiner Genese abhängig von verschiedensten Faktoren, auch reflektierte er auf unterschiedliche Weise die Erfahrungen und Bedingungen der Menschen. Seine größte Wirksamkeit entfaltete er jedoch dort, wo die traditionelle Haushaltsstruktur zugunsten einer neuen Konzeption von Familien am raschesten aufbrach, das neue Bürgertum sich als sozialpolitische Kraft anmeldete und eine Staatsverfassung sich herausbildete, die den Prozeß der Trennung von öffentlich und privat forcierte. Erst in diesem komplexen Rahmen konnte die Idee sich durchsetzen vom Menschen als Individuum, das individuelle Interessen entwickeln und individuelle Eigenständigkeit erlangen sollte.

Anhang

Anmerkungen

Für Anregung und Kritik danke ich Vera Jung, Brigitte Gutjahr, Hans-Jürgen Lüsebrink und Andrea van Dülmen.

1 Vgl. u.a. Ulrich Beck/Elisabeth Beck-Gernsheim (Hg.), Riskante Freiheiten. Individualisierung in modernen Gesellschaften, Frankfurt a.M. 1994.

2 U.a. Georg Simmel, Soziologie. Untersuchungen über die Formen der Vergesellschaftung, Frankfurt a.M. 1992; Max Weber, Gesammelte Aufsätze zur Religionssoziologie, 3 Bde., Tübingen 1963[2]; Ernst Troeltsch, Die Soziallehren der christlichen Kirchen und Gruppen, ND Aalen 1965; Ernst Cassirer, Individuum und Kosmos in der Philosophie der Renaissance, Darmstadt 1977[5]; Wilhelm Dilthey, Weltanschauung und Analyse des Menschen seit Renaissance und Reformation, Leipzig 1921[2]; Norbert Elias, Die Gesellschaft der Individuen, Frankfurt a.M. 1987.

3 Jakob Burckhardt, Die Kultur der Renaissance in Italien, Berlin 1928, S. 131.

4 Art. Individuum, Individualität, in: Historisches Wörterbuch der Philosophie, Bd. 4, Darmstadt 1976, S. 300–323; Manfred Frank/Anselm Haverkamp (Hg.), Individualität, München 1988. – Wenn ich von »Entdeckung« spreche, heißt dies nicht, daß die Menschen vor der frühen Neuzeit kein »individuelles« Bewußtsein gehabt bzw. kein »individuelles« Leben geführt hätten. Bei der »Entdeckung« geht es einerseits lediglich um die beginnende Thematisierung des Selbst, die verstärkt seit der Renaissance (1480–1580) einsetzte und mit der zunehmenden Literalisierung der Gesellschaft eine starke Verbreitung fand. Andererseits impliziert die Beschreibung der »Entdeckungsgeschichte« keinen gradlinigen, alle sozialen Gruppen gleicherweise umfassenden Entdeckungsprozeß im Sinne einer geschlossenen Individualisierungstheorie, der im 18. Jahrhundert (Zeitalter der Aufklärung) einen ersten Höhepunkt erreicht hätte. Damit negiere ich keinesfalls, daß sich vom 15.–18. Jahrhundert Entscheidendes in der Einschätzung von Individuum und Individualität geändert hätte. Die Zunahme der Selbstthematisierung in der entstehenden »bürgerlichen Welt« korrespondiert mit der Erosion der ständisch-strukturierten Gesellschaft, aber auch mit der stärkeren individuellen Kontrolle durch staatliche bzw. kirchliche Verbände.

5 Ernst Troeltsch, Aufsätze zur Geistesgeschichte und Religionssoziologie, ND Aalen 1966, S. 267.

6 Aaron J. Gurjewitsch, Das Individuum im europäischen Mittelalter, München 1994.
7 Walter Ullmann, Individuum und Gesellschaft im Mittelalter, Göttingen 1974; Georges Duby (Hg.), Vom Feudalzeitalter zur Renaissance (= Geschichte des privaten Lebens, Bd. 2), Frankfurt a. M. 1990.
8 Johannes Tauler, Predigten. Hg. v. G. Hofmann, Freiburg u. a. 1961, 16. Vgl. auch Georg Misch, Geschichte der Autobiographie, Bd. 4, Frankfurt a. M. 1969.
9 Ernst Troeltsch, Luther, der Protestantismus und die moderne Welt. u. Das Wesen des modernen Geistes, in: Ders., Aufsätze [wie Anm. 5], S. 202–253; 297–337; Dilthey, Weltanschauung und Analyse [wie Anm. 2]; Richard van Dülmen, Kultur und Alltag in der Frühen Neuzeit, Bd. 3: Religion, Magie, Aufklärung, München 1994.
10 Erich H. Erikson, Der junge Mann Luther. Eine psychoanalytische und historische Studie, Frankfurt a. M. 1975; Heiko A. Oberman, Luther. Mensch zwischen Gott und Teufel, München 1986[2]; Hans-Georg Soeffner, Die Ordnung der Rituale. Die Auslegung des Alltags 2, Frankfurt a. M. 1992.
11 Oberman, Luther [wie Anm. 10], S. 46.
12 Richard van Dülmen, Reformation als Revolution. Soziale Bewegung und religiöser Radikalismus in der deutschen Reformation, Frankfurt a. M. 1987[2]; Hans-Jürgen Goertz, Die Täufer. Geschichte und Deutung, München 1980.
13 Heinold Fast (Hg.), Der linke Flügel der Reformation. Glaubenszeugnisse der Täufer, Spiritualisten, Schwärmer und Antitrinitarier, Bremen 1962, 40.
14 Manfred Krebs / Hans Georg Rott (Hg.), Quellen zur Geschichte der Täufer, Bd. 8: Elsaß, 2. Teil, Gütersloh 1960, S. 58.
15 Fast, Der linke Flügel der Reformation [wie Anm. 13], S. 149 ff.; hier S. 156.
16 Ebd., S. 216.
17 Will-Erich Peuckert, Sebastian Franck. Ein deutscher Sucher, München 1943, S. 103.
18 Ebd., S. 169.
19 Ebd., S. 170.
20 Allgemein vgl. Lepmod Batkin, Die italienische Renaissance. Versuch einer Charakterisierung eines Kulturtyps, Frankfurt a. M. 1981; Agnes Heller, Der Mensch der Renaissance, Köln-Lövenich 1981; John Hale, Die Kultur der Renaissance in Europa, München 1994.
21 Walther Köhler / Andreas Flitner (Hg.), Erasmus von Rotterdam. Briefe, Bremen 1956, S. 38.
22 Ebd., S. 310.
23 Eckhard Keßler (Hg.), Girolamo Cardano. Philosoph, Naturforscher, Arzt, Wiesbaden 1994.

24 Des Girolamo Cardano von Mailand eigene Lebensbeschreibung, München 1969, S. 9.

25 Ebd., S. 49f.

26 Ebd., S. 39.

27 Hugo Friedrich, Montaigne, Bern 1967²; J. Starobinski, Montaigne. Denken und Existenz, Frankfurt a. M. 1993².

28 Michel de Montaigne. Essais (Übers. v. H. Lüthy), Zürich 1953, S. 541.

29 Ebd., S. 51.

30 E. Lorenz, Ein Pfad im Weglosen. Teresa von Avila – Erfahrungsberichte und innere Biographie, Freiburg i. Br. 1986.

31 Aloysius Alkofer (Hg.), Das Leben der heiligen Theresia von Jesu, München 1931, S. 435.

32 Ebd., S. 430.

33 Ebd., S. 433.

34 Ebd., S. 216.

35 280 ff.

36 August Buck (Hg.), Biographie und Autobiographie in der Renaissance, Wiesbaden 1983.

37 Carlo Ginzburg, Der Käse und die Würmer. Die Welt eines Müllers um 1600, Frankfurt a. M. 1979, S. 38.

38 Ebd., S. 49.

39 Gottfried Boehm, Bildnis und Individuum. Über den Ursprung der Porträtmalerei in der italienischen Renaissance. München 1985; Angelika Dülberg, Privatporträts. Geschichte und Ikonologie einer Gattung im 15. und 16. Jahrhundert, Berlin 1989; Norbert Schneider, Porträtmalerei. Hauptwerke europäischer Bildniskunst 1420–1670, Köln 1992.

40 Peter-Klaus Schuster, Individuelle Ewigkeit: Hoffnungen und Ansprüche im Bildnis der Lutherzeit, in: Buck, Biographie [wie Anm. 36], S. 121–171.

41 Erwin Panofsky, Das Leben und die Kunst Albrecht Dürers, München 1977.

42 Schuster, Individuelle Ewigkeit [wie Anm. 40], S. 148.

43 Schneider, Porträtmalerei [wie Anm. 39], S. 113.

44 Allgemein vgl. Norbert Elias, Über den Prozeß der Zivilisation. Soziogenetische und psychogenetische Untersuchungen, 2 Bde., Bern 1969²; Philippe Ariès/Roger Chartier (Hg.), Von der Renaissance zur Aufklärung (= Geschichte des privaten Lebens, Bd. 3), Frankfurt a. M. 1991²; Jean Delumeau, Angst im Abendland. Die Geschichte kollektiver Ängste im Europa des 14. bis 18. Jahrhunderts, 2 Bde., Reinbek 1985; Robert Muchembled, Die Erfindung des modernen Menschen. Gefühlsdifferenzierung und kollektive Verhaltensweisen im Zeitalter des Absolutismus, Reinbek 1990; Alois Hahn/Volker Kapp (Hg.), Selbstthematisierung und Selbstzeugnis: Bekenntnis und Geständnis, Frankfurt a. M. 1987.

45 Alois Hahn, Zur Soziologie der Beichte und anderer Formen institutio-

nalisierter Bekenntnisse: Selbstthematisierung und Zivilisationsprozeß, in: Kölner Zeitschrift für Soziologie und Sozialpsychologie 14 (1982), S. 408–434; Edith Saurer, Frauen und Priester. Beichtgespräche im frühen 19. Jahrhundert, in: R. van Dülmen (Hg.), Arbeit, Frömmigkeit und Eigensinn, Frankfurt a. M. 1990, S. 141ff.

46 Ariès/Chartier, Von der Renaissance [wie Anm. 44], S. 85.

47 John Bossy, The Social History of Confession in the Age of the Reformation, in: Transactions of the Royal Historical Society 25 (1975) S. 21–38.

48 Alphons Maria von Liguori, Der Beichtvater angeleitet zur rechten Verwaltung des heiligen Bußsakraments, Bd. 1, Regensburg 1843, S. 14.

49 Ebd., S. 4.

50 W. Kneule, Die Entwicklung der Beichte, der Konfirmation, der Kirchenzucht in der ehemaligen Markgrafschaft Brandenburg-Bayreuth-Kulmbach, in: Zeitschrift für bayerische Kirchengeschichte 37 (1968), S. 101–192; Hans-Christoph Rublack, Lutherische Beichte und Sozialdisziplinierung, in: Archiv für Reformationsgeschichte 84 (1993), S. 127–155.

51 Emil Sehling (Hg.), Die evangelischen Kirchenordnungen des 16. Jahrhunderts: Sachsen und Thüringen 1 (= Die Cellische Ordnung 1545), Leipzig 1902, S. 298.

52 Ebd.: Niedersachsen 1/1 (= Kirchenordnung von Wolfenbüttel 1569), Tübingen 1955, S. 144.

53 Heinz Schilling, »Geschichte der Sünde« oder »Geschichte des Verbrechens«? Überlegungen zur Gesellschaftsgeschichte der frühneuzeitlichen Kirchenzucht, in: Jahrbuch des italienischen Deutschen Historischen Instituts in Trient VII (1986), S. 169–192; Ders., Sündenzucht und frühneuzeitliche Sozialdisziplinierung. Die calvinistische presbyteriale Kirchenzucht in Emden vom 16. bis 19. Jahrhundert, in: G. Schmidt (Hg.), Stände und Gesellschaft im Alten Reich (1989), S. 265–302; Heinrich Richard Schmidt, Die Christianisierung des Sozialverhaltens als permanente Reformation. Aus der Praxis reformierter Sittengerichte in der Schweiz während der frühen Neuzeit, in: Zeitschrift für historische Forschung, Beiheft 9 (1989), S. 113–163.

54 Emil Sehling (Hg.), Die evangelischen Kirchenordnungen: Niedersachsen 1/2 (= Kirchenordnung von Hoya 1581), Tübingen 1957, S. 1174.

55 Vgl. auch Heinz-D. Kittsteiner, Gewissen und Geschichte. Studien zur Entstehung des moralischen Bewußtseins, Heidelberg 1990; Ders., Die Entstehung des modernen Gewissens, Frankfurt a. M. 1991.

56 August Lang, Puritanismus und Pietismus. Studien zu ihrer Entwicklung von M. Butzer bis zum Methodismus, Darmstadt 1972[2]; Martin Schmidt, Wiedergeburt und neuer Mensch. Gesammelte Studien zur Geschichte des Pietismus, Witten 1969.

57 Magdalene Maier-Petersen, Der »Fingerzeig Gottes« und die »Zeichen der Zeit«. Pietistische Religiosität auf dem Weg zur bürgerlichen Identitätsfin-

dung, untersucht an Selbstzeugnissen von Spener, Francke und Oetinger, Stuttgart 1984.

58 Kaspar von Greyerz, Vorsehungsglaube und Kosmologie. Studien zu englischen Selbstzeugnissen des 17. Jahrhunderts, Göttingen 1990.

59 Philipp Matthäus Hahn, Die Kornwestheimer Tagebücher 1772–1777 u. Die Echterdinger Tagebücher 1780–1790, hg. v. M. Brecht/R. Paulus, 2 Bde., Berlin 1983.

60 Günter Niggl (Hg.), Die Autobiographie. Zu Form und Geschichte einer literarischen Gattung, Darmstadt 1989; Ders., Geschichte der deutschen Autobiographie im 18. Jahrhundert. Theoretische Grundlegung und literarische Entfaltung, Stuttgart 1977.

61 Wolfgang Schild, Alte Gerichtsbarkeit. Vom Gottesurteil bis zum Beginn der modernen Rechtsprechung, München 1980; Gustav Henningsen / John A. Tedeschi (Hg.), The Inquisition in Early Modern Europe, De Kalb/Ill., 1986; Richard van Dülmen, Theater des Schreckens. Gerichtspraxis und Strafrituale in der frühen Neuzeit, München 1995[4].

62 Erhellend: Lyndal Roper, Ödipus und der Teufel. Körper und Psyche in der Frühen Neuzeit, Frankfurt a. M. 1995; Andreas Blauert/Gerd Schwerhoff (Hg.), Mit den Waffen der Justiz. Zur Kriminalitätsgeschichte des späten Mittelalters und der Frühen Neuzeit, Frankfurt a. M. 1993.

63 Etienne François, Buch, Konfession und städtische Gesellschaft im 18. Jahrhundert. Das Beispiel Speyers, in: FS f. R. Vierhaus, Göttingen 1982, S. 34–54; Wolfgang Brückner u. a. (Hg.), Literatur und Volk im 17. Jahrhundert. Probleme populärer Kultur in Deutschland, 2 Bde., Wiesbaden 1985; Roger Chartier, Lesewelten. Buch und Lektüre in der frühen Neuzeit, Frankfurt a. M. 1990; Hans Erich Bödeker (Hg.), Lesekulturen im 18. Jahrhundert, Heidelberg 1991.

64 Wilhelm Roessler, Die Entstehung des modernen Erziehungswesens in Deutschland, Stuttgart 1961; Gerhardt Petrat, Schulunterricht. Seine Sozialgeschichte in Deutschland 1750 bis 1850, München 1979; Wolfgang Neugebauer, Absolutistischer Staat und Schulwirklichkeit in Brandenburg-Preußen, Berlin/New York 1985; Otto Krammer, Bildungswesen und Gegenreformation. Die Hohen Schulen der Jesuiten im katholischen Teil Deutschlands vom 16. bis 18. Jahrhundert, Würzburg 1988.

65 Theo Dietrich/Job Günter Klink (Hg.), Zur Geschichte der Volksschule, Bd. 1, Bad Heilbrunn 1972[2], S. 119.

66 Aus der »Braunschweigischen Schulordnung« von 1753, in: ebd. S. 139.

67 Roessler, Die Entstehung des modernen Erziehungswesens [wie Anm. 64], S. 279.

68 Vgl. u. a. Christoph Sachße/Florian Tennstedt (Hg.), Soziale Sicherheit und soziale Disziplinierung, Frankfurt a. M. 1986; Günther Lottes, Disziplin und Emanzipation. Das Sozialdisziplinierungskonzept und die Interpretation der frühneuzeitlichen Geschichte, in: Westfälische Forschungen

42 (1992), S. 63–74; Michael Prinz, Sozialdisziplinierung und Konfessionalisierung. Neuere Fragestellungen in der Sozialgeschichte der frühen Neuzeit, in: Westfälische Forschungen 42 (1992), S. 1–25.

69 Vgl. Mareta Linden, Untersuchungen zum Anthropologie-Begriff im 18. Jahrhundert, Bern 1976; Bernhard Fabian u. a. (Hg.), Deutschlands kulturelle Entfaltung. Die Neubestimmung des Menschen, München 1980; Wolf Lepenies, Soziologische Anthropologie. Materialien, München 1971. W. Sparn, Artikel »Mensch«, in: Theologische Realenzyklopädie 3 (1992), S. 458–577.

70 Charles Taylor, Quellen des Selbst. Die Entstehung der neuzeitlichen Identität, Frankfurt a. M. 1994.

71 Ilsebill Barta-Fliedl/Christoph Geissmar (Hg.), Die Beredsamkeit des Leibes. Zur Körpersprache in der Kunst, Salzburg 1992; Kathleen Adler/Marcia Pointon (Hg.), The Body Imaged. The human form and visual culture since the Renaissance, Cambridge 1993.

72 Gerhart Schröder, Balthasar Gracians Criticon. Eine Untersuchung zur Beziehung zwischen Manierismus und Moralistik, München 1966.

73 Elias, Über den Prozeß der Zivilisation [wie Anm. 44].

74 Allgemein: Hans Blumenberg, Säkularisierung und Selbstbehauptung, Frankfurt 1874; Hale, Die Kultur der Renaissance [wie Anm. 20].

75 G. Pico della Mirandola, Über die Würde des Menschen, Zürich 1988, S. 10.

76 Peter Burke, Die Renaissance in Italien. Sozialgeschichte einer Kultur zwischen Tradition und Erfindung, Berlin 1984.

77 Heller, Der Mensch der Renaissance [wie Anm. 20].

78 Zit. ebd., S. 493.

79 Vgl. Adler/Pointon (Hg.), The Body Imaged [wie Anm. 71].

80 Cardano, Lebensbeschreibung [wie Anm. 24], S. 24f.

81 Vgl. Schröder, Balthasar Gracians Criticon [wie Anm. 72]; Gustav René Hocke, Die Welt als Labyrinth. Manierismus in der europäischen Kunst und Literatur, Reinbek 1991[3].

82 Cardano, Lebensbeschreibung [wie Anm. 24], S. 242.

83 Norbert Borrmann, Kunst und Physiognomik. Menschendeutung und Menschendarstellung im Abendland, Köln 1994.

84 Johann Caspar Lavater, Physiognomische Fragmente zur Beförderung der Menschenkenntnis und Menschenliebe, 4 Bde., Leipzig-Winterthur 1775/78, hier Bd. 1 (1775), S. 13.

85 Johannes Baptista Porta, Die Physiognomie des Menschen, Radebeul 1930.

86 Borrmann, Kunst und Physiognomik [wie Anm. 83], S. 70f.

87 Johannes Saltzwedel, Das Gesicht der Welt. Physiognomisches Denken in der Goethezeit, München 1993; Hans-Jürgen Schings (Hg.), Der ganze Mensch. Anthropologie und Literatur im 18. Jahrhundert, Stuttgart 1994.

88 Georg Christoph Lichtenberg, Über Physiognomik: Wider die Physiognomen. Zur Beförderung der Menschenliebe und Menschenkenntnis, in: Ders., Schriften und Briefe, Bd. 3, Darmstadt 1972, S. 256ff.
89 Lavater, Physiognomische Fragmente [wie Anm. 84], Bd. 1, S. 63.
90 Johann Wolfgang v. Goethe, Aus meinem Leben. Dichtung und Wahrheit (Münchner Ausgabe 16), München 1985, S. 801.
91 Borrmann, Kunst und Physiognomik [wie Anm. 83], S. 131.
92 Max Dessoir, Geschichte der neueren deutschen Psychologie, Amsterdam 1964[2] (ND); Gerd Jüttemann/Michael Sonntag/Christoph Wulf (Hg.), Die Seele. Ihre Geschichte im Abendland, Weinheim 1991.
93 Vgl. Linden, Untersuchungen zum Anthropologie-Begriff [wie Anm. 69]
94 Raimund Bezold, Popularphilosophie und Erfahrungsseelenkunde im Werk von Karl Philipp Moritz, Würzburg 1984.
95 Karl Philipp Moritz, Werke, Bd. 3, Frankfurt a. M. 1981, S. 90.
96 Ebd., S. 103.
97 Odo Marquard, Der angeklagte und der entlastete Mensch in der Philosophie des 18. Jahrhunderts, in: B. Fabian u. a., Deutschlands kulturelle Entfaltung [wie Anm. 69], S. 193ff.; Jürgen Barkhoff/Eda Sagarra (Hg.), Anthropologie und Literatur um 1800, München 1992; Udo Benzenhöfer, Psychiatrie und Anthropologie in der ersten Hälfte des 19. Jahrhunderts, Hürtgenwald 1993.
98 Johann Georg Zimmermann, Von der Erfahrung in der Arzneykunst, I, Zürich 1763, S. 12.
99 Bernhard Stöger, Anleitung zum Studium der theoretischen Philosophie, 4 Bde., Salzburg 1788–95, hier Bd. 3, S. 2.
100 Ernst Plattner, Anthropologie für Aerzte und Weltweise, I, Leipzig 1772, S. XV.
101 Wilhelm von Humboldt, Schriften zu Anthropologie und Geschichte (= Werke I), Stuttgart 1960, S. 337ff.
102 Ebd., S. 337.
103 S. 352ff.
104 Claudia Honegger, Die Ordnung der Geschlechter. Die Wissenschaft vom Menschen und das Weib, 1750–1850, Frankfurt a. M. 1991.
105 Ebd., S. 191.
106 Wilhelm E. Mühlmann, Geschichte der Anthropologie, Frankfurt a. M. 1968; Sergio Moravia, Beobachtende Vernunft. Philosophie und Anthropologie in der Aufklärung, München 1973; Roland Girtler, Kulturanthropologie, München 1979.
107 Moravia, Beobachtende Vernunft [wie Anm. 106], S. 268.
108 Vgl. u. a. Karl-Heinz Kohl, Ethnologie – die Wissenschaft vom kulturell Fremden. Eine Einführung, München 1993.
109 Klaus Harpprecht, Georg Forster oder die Liebe zur Welt. Eine Biographie, Reinbek 1987.

110 Allgemein vgl. Misch, Geschichte der Autobiographie [wie Anm. 8]; Bernd Neumann, Identität und Rollenzwang. Zur Theorie der Autobiographie, Frankfurt a. M. 1970; Roy Pascal, Die Autobiographie. Gehalt und Gestalt, Stuttgart 1965; Ralph-Rainer Wuthenow, Das erinnerte Ich. Europäische Autobiographie und Selbstdarstellung im 18. Jahrhundert, München 1974.

111 Inge Bernheiden, Individualität im 17. Jahrhundert. Studien zum autobiographischen Schrifttum, Frankfurt a. M. 1988.

112 Klaus-Detlef Müller, Autobiographie und Roman. Studien zur literarischen Autobiographie der Goethezeit, Tübingen 1976.

113 Leben des Benvenuto Cellini. Übersetzt von Joh. W. von Goethe, Frankfurt a. M. 1981.

114 Ebd., S. 15.

115 Misch, Geschichte der Autobiographie [wie Anm. 8], Bd. 4, S. 639.

116 Johann Jakob Hässlin (Hg.), Das Buch Weinsberg. Aus dem Leben eines Kölner Ratsherrn, München 1961, S. 432.

117 Misch, Geschichte der Autobiographie [wie Anm. 8], Bd. 4, S. 763ff. Vgl. auch Paul Ganter, Das literarische Porträt in Frankreich im 17. Jahrhundert, Berlin 1939, S. 74ff.; Thomas Koch, Literarische Menschendarstellung. Studien zu ihrer Theorie und Praxis, Tübingen 1991, S. 71ff.

118 Misch, Geschichte der Autobiographie [wie Anm. 8], Bd. 4, S. 795ff.; Lang, Puritanismus und Pietismus [wie Anm. 56], S. 204ff.

119 Zit. nach Misch, Geschichte der Autobiographie [wie Anm. 8], Bd. 4, S. 796.

120 Ebd., S. 832–886; Wuthenow, Das erinnerte Ich [wie Anm. 110], S. 62ff.; Jean Starobinski, Rousseau. Eine Welt von Widerständen, Frankfurt a. M. 1993[2].

121 Jean-Jacques Rousseau, Bekenntnisse. Übers. v. E. Hardt, Frankfurt 1985[2], S. 394.

122 Ebd., S. 37.

123 Günter Niggl, Geschichte der deutschen Autobiographie [wie Anm. 60]; Müller, Autobiographie und Roman [wie Anm. 112].

124 Anton Reiser. Ein psychologischer Roman, in: Moritz, Werke [wie Anm. 95], Bd. 1, S. 33–400.

125 Ebd., S. 36.

126 Nicholas Boyle, Goethe. Der Dichter in seiner Zeit, Bd. 1: 1749–1790, München 1995.

127 Joh. Wolfgang Goethe, Aus meinem Leben. Dichtung und Wahrheit (Münchner Ausgabe 16), München 1985, S. 11.

128 Joh. Wolfgang Goethe, Bedeutende Fördernis/Hamburger Ausgabe 13, München 1981[8], S. 38

129 Vgl. allgemein: Peter Boerner, Tagebuch, Stuttgart 1969; Béatrice Didier, Le Journal intime, Paris 1979; Gustav René Hocke, Europäische Tage-

bücher aus vier Jahrhunderten. Motive und Anthologie, Wiesbaden/München 19862; Ralph-Rainer Wuthenow, Europäische Tagebücher. Eigenart, Formen, Entwicklung, Darmstadt 1990.

130 Hocke, Europäische Tagebücher [wie Anm. 129], S. 552ff.

131 Ignatius von Loyola, Geistliches Tagebuch, Freiburg i. Br. 1961.

132 Zit. nach Hocke, Europäische Tagebücher [wie Anm. 129], S. 567.

133 Peter French, John Dee: The World of an Elizabethan Magus, London 1972.

134 Zit. nach Hocke, Europäische Tagebücher [wie Anm. 129], S. 55.

135 Ebd., S. 603.

136 Samuel Pepys, Tagebuch aus dem London des 17. Jahrhunderts, übers. v. H. Winter, Stuttgart 1980; R. Ollard, Pepys: A Biography, London 1974.

137 Pepys, Tagebuch [wie Anm. 136], S. 428.

138 Ebd., S. 440.

139 Hahn, Die Kornwestheimer Tagebücher [wie Anm. 59], S. 361.

140 Ebd., S. 99.

141 Zit. nach Hocke, Europäische Tagebücher [wie Anm. 129], S. 650f.; Johann Kaspar Lavater, Unveränderte Fragmente aus dem Tagebuch eines Beobachters seiner Selbst, Bern 1978.

142 Ralph-Rainer Wuthenow, Das Bild und der Spiegel. Europäische Literatur im 18. Jahrhundert, München 1984; Roger Hutchinson, All the Sweets of Being: A Life of James Boswell, Edinbourgh 1995.

143 James Boswell, Das Leben Samuel Johnsons und Das Tagebuch einer Reise nach den Hebriden, München 1985.

144 James Boswell, Journal, hg. v. H. Winter, Stuttgart 1996.

145 Ebd., S. 45.

146 James Boswell, Londoner Tagebuch 1762–1763, Zürich 1953, S. 49.

147 Boswell, Journal [wie Anm. 144], S. 92.

148 Ebd., S. 487.

149 Georg Steinhausen, Geschichte des deutschen Briefes. Zur Kulturgeschichte des deutschen Volkes, Berlin 1889/91; O. Heuschele, Der deutsche Brief. Wesen und Welt, Stuttgart 1938; Peter Bürger, Der Privatbrief, in: DVjs 50 (1976), S. 281–297; Alexandru Dutu u. a. (Hg.), Brief und Briefwechsel in Mittel- und Osteuropa im 18. und 19. Jahrhundert, Essen 1989.

150 Franz Josef Worstbrock (Hg.), Der Brief im Zeitalter der Renaissance, Weinheim 1983.

151 R.M.G. Nickisch, Die Frau als Briefschreiberin im Zeitalter der deutschen Aufklärung, in: Wolfenbüttler Studien zur Aufklärung 3 (1976), S. 39ff.

152 Zit. nach Steinhausen, Geschichte des deutschen Briefes [wie Anm. 144], S. 357.

153 Ebd., S. 290.

154 Jürgen Habermas, Stukturwandel der Öffentlichkeit. Untersuchungen zu einer Kategorie der bürgerlichen Gesellschaft, Neuwied 1969[4], S. 61.

155 Vgl. Günter Birtsch (Hg.), Grund- und Freiheitsrechte im Wandel von Gesellschaft und Geschichte, Göttingen 1981; Winfried Schulze, Grund- und Freiheitsrechte von der ständischen zur spätbürgerlichen Gesellschaft, Göttingen 1987; Ders., Vom Gemeinnutz zum Eigennutz. Über den Normenwandel in der ständischen Gesellschaft der Frühen Neuzeit, in: Historische Zeitschrift 243 (1986), S. 591–626; Ders. (Hg.), Ständische Gesellschaft und soziale Mobilität, München 1988.

156 Schulze, Vom Gemeinnutz zum Eigennutz [wie Anm. 155], S. 598.

157 Ebd., S. 599.

158 Adam Smith, Wohlstand der Nationen, Ausg. v. H. L. Recktenwald, München 1982, S. 283/369.

159 Schulze, Vom Gemeinnutz zum Eigennutz [wie Anm. 155], S. 608f.

160 Albert O. Hirschmann, Leidenschaften und Interessen. Politische Begründungen des Kapitalismus vor dem Sieg, Frankfurt a. M. 1980; Winfried Schulze, Das Wagnis der Individualisierung, in: Th. Cramer (Hg.), Wege in die Neuzeit, München 1988, 270–286.

161 Vgl. u. a. Hans-Jürgen Fuchs, Entfremdung und Narzißmus. Semantische Untersuchungen zur Geschichte der »Selbstbezogenheit« als Vorgeschichte von französisch »amour-propre«, Stuttgart 1977.

162 Zit. nach Schulze, Vom Gemeinnutz zum Eigennutz [wie Anm. 155], S. 621.

162a Bernard Mandeville, Die Bienenfabel, Frankfurt a. M. 1980, S. 16

163 Richard van Dülmen, Fest der Liebe. Heirat und Ehe in der frühen Neuzeit, in: Ders. (Hg.), Armut, Liebe, Ehre, Frankfurt a. M. 1988; Ders., Kultur und Alltag in der Frühen Neuzeit, Bd. 1: Das Haus und seine Menschen, München 1990; Rebekka Habermas, Frauen und Männer im Kampf um Leib, Ökonomie und Recht. Zur Beziehung der Geschlechter im Frankfurt der Frühen Neuzeit, in: R. van Dülmen (Hg.), Dynamik der Tradition, Frankfurt a. M. 1992, S. 109ff; Heide Wunder, »Er ist die Sonn', sie ist der Mond«. Frauen in der Frühen Neuzeit, München 1992.

164 Paul Kluckhohn, Die Auffassung der Liebe in der Literatur des 18. Jahrhunderts und in der deutschen Romantik, Tübingen 1966[2].

165 Ebd., S. 159.

166 Rainer Beck, Frauen in Krise. Eheleben und Ehescheidung in der ländlichen Gesellschaft Bayerns während des Ancien régime, in: R. van Dülmen (Hg.), Dynamik der Tradition, Frankfurt a. M. 1992, S. 137ff.; Rebekka Habermas, Die Ehre des Fleisches. Entführungen und Verführungen im 18. Jahrhundert. Der Fall Maria Salona von Reineck, in: R. van Dülmen (Hg.), Körper-Geschichten, Frankfurt a. M. 1996, S. 122ff.

167 Vgl. allgemein: Werner Conze (Hg.), Sozialgeschichte der Familie in der Neuzeit Europas, Stuttgart 1976; Peter Borscheid/Hans J. Teuteberg

(Hg.), Ehe, Liebe, Tod. Zum Wandel der Familie, der Geschlechts- und Generationenbeziehungen in der Neuzeit, Münster 1983; Peter Laslett, Verlorene Lebenswelten. Geschichte der vorindustriellen Gesellschaft, Wien 1988; R. van Dülmen, Kultur und Alltag in der Frühen Neuzeit, Bd. 1 [wie Anm. 163].

168 Vgl. u.a. Philippe Ariès, Geschichte der Kindheit, München 1975; Jürgen Schlumbohm, ›Traditionale‹ Kollektivität und ›moderne‹ Individualität. Einige Fragen und Thesen für eine historische Sozialisationsforschung: Kleines Bürgertum und gehobenes Bürgertum um 1800, in: R. Vierhaus (Hg.), Bürger und Bürgerlichkeit im Zeitalter der Aufklärung, Heidelberg 1981, S. 265–320; Ders. (Hg.), Kinderstuben. Wie Kinder zu Bauern, Bürgern, Aristokraten wurden 1700–1850, München 1983.

169 Edwin Dillmann, Schule als Lebenserfahrung. Innenansichten einer Institution im 18. und 19. Jahrhundert, in: Historische Anthropologie 2 (1994), S. 213–244.

170 Rolf Engelsing, Analphabetentum und Lektüre. Zur Sozialgeschichte des Lesens in Deutschland zwischen feudaler und industrieller Gesellschaft, Stuttgart 1973; F. Furet/J. Ozeuf, Lire et écrire – l'alphabéthisation des français de Calvin à Jules Ferry, Paris 1977; Chartier, Lesewelten [wie Anm. 63]; Ders., Die Praktiken des Schreibens, in: Ariès/Duby, Von der Renaissance [wie Anm. 44], S. 115ff.; Erich Schön, Der Verlust der Sinnlichkeit oder Die Verwandlung des Lesens. Mentalitätswandel um 1800, Stuttgart 1993[2].

171 Heide Nixdorf/Heidi Müller, Weiße Westen – Rote Roben. Von den Farbordnungen des Mittelalters zum individuellen Farbgeschmack, Berlin 1983; Daniel Roche, La culture des apparence. Une histoire de vêtement (XVIIe-XVIIIe siècle), Paris 1989; Martin Dinges, Der »feine Unterschied«. Die soziale Funktion der Kleidung in der höfischen Gesellschaft, in: Zeitschrift für historische Forschung 19 (1992), S. 49–76; Hans Medick, Eine Kultur des Ansehens. Kleider und Kleiderfarben in Laichingen 1750–1820, in: Historische Anthropologie 2 (1994), S. 193ff.

172 Hermann Zinn, Entstehung und Wandel bürgerlicher Wohngewohnheiten und Wohnstrukturen, in: L. Niethammer (Hg.), Wohnen im Wandel. Beiträge zur Geschichte des Alltags in der bürgerlichen Gesellschaft, Wuppertal 1979, S. 13ff.; Hans J. Teuteberg (Hg.), Homo habitans. Zur Sozialgeschichte des ländlichen und städtischen Wohnens in der Neuzeit, Münster 1985.

173 Reiner Wild, Freidenker in Deutschland, in: Zeitschrift für historische Forschung 6 (1979), S. 253ff.; Hans-Erich Bödeker, Die Religiosität der Gebildeten, in: Wolfenbüttler Studien (1988); Richard van Dülmen, Wider die Ehre Gottes. Unglaube und Gotteslästerung in der Frühen Neuzeit, in: Historische Anthropologie 2 (1994), S. 20–38.

174 Hirschmann, Leidenschaften und Interessen [wie Anm. 160]; C. B. Mac-

pherson, Die politische Theorie des Besitzindividualismus, Frankfurt a.M. 1973; Gideon Freudenthal, Atom und Individuum im Zeitalter Newtons. Zur Genese der mechanistischen Natur- und Sozialphilosophie, Frankfurt a.M. 1982.

175 Vgl. u.a. Artikel »Utilitarismus«, in: Enzyklopädie Philosophie und Wissenschaftstheorie, Bd. 4, Stuttgart/Weimar 1996, S. 460ff.

176 Thomas Hobbes, Leviathan oder Wesen, Form und Gewalt des kirchlichen und bürgerlichen Staates, Reinbek 1965; Macpherson, Die politische Theorie des Besitzindividualismus [wie Anm. 174], S. 21ff.; Reinhart Koselleck, Kritik und Krise. Ein Beitrag zur Pathogenese der bürgerlichen Welt, Freiburg 1959.

177 Macpherson, Die politische Theorie des Besitzindividualismus [wie Anm. 174], S. 219ff.

178 Vgl. u.a. Manfred Brocker, Die Grundlagen des liberalen Verfassungsstaates. Von den Levellern zu John Locke, Freiburg 1995.

179 Bernard Mandeville, Die Bienenfabel oder private Laster, öffentliche Vorteile, Frankfurt a.M. 1980. Vgl. auch Wolfgang H. Schrader, Ethik und Anthropologie in der englischen Aufklärung. Der Wandel der moral sense theorie von Shaftesbury bis Hume, Hamburg 1984.

180 Jerry Z. Muller, Adam Smith in His Time and Ours, Princeton 1995.

181 David Raphael, Adam Smith, Frankfurt a.M. 1991, S. 61.

182 Vgl. allgemein Art. »Freiheit«, in: Geschichtliche Grundbegriffe, Bd. 2, Stuttgart 1975, S. 425–542.

183 Immanuel Kant, Schriften zur Anthropologie, Geschichtsphilosophie, Politik und Pädagogik (= Werke Bd. 3), Darmstadt 1964. Vgl. auch Art. »Selbstdenken«, in: Historisches Wörterbuch der Philosophie, Bd. 9, Darmstadt 1995, S. 386ff.

184 A. Bergk u.a., Aufklärung und Gedankenfreiheit. Fünfzehn Anregungen aus der Geschichte zu lernen, Frankfurt a.M. 1977, S. 206f.

185 Johann Gottfried Herder, Selbst. Ein Fragment (1797), in: Werke. Hg. v. B. Suphan 29 (1889) S. 139.

186 Giles Barber/Bernhard Fabian (Hg.), Buch und Buchhandel in Europa im 18. Jahrhundert, Hamburg 1981; Helmut Kiesel/Paul Münch, Gesellschaft und Literatur im 18. Jahrhundert. Voraussetzungen und Entstehung des literarischen Marktes in Deutschland, München 1977; Furet u.a., Livre et société. Vgl. Art. »Selbstbildung«, in: Historisches Wörterbuch der Philosophie, Bd. 9, Darmstadt 1995, S. 379ff.

187 Etienne François, Geselligkeit, Vereinswesen und bürgerliche Gesellschaft in Frankreich, Deutschland und der Schweiz 1750–1850, Paris 1986; Ulrich Im Hof, Das gesellige Jahrhundert. Gesellschaft und Gesellschaften im Zeitalter der Aufklärung, München 1982.

188 Richard van Dülmen, Der Geheimbund der Illuminaten. Darstellung, Analyse, Dokumentation, Stuttgart 1977[2], S. 184.

189 Joh. Wolfgang von Goethe, Wilhelm Meisters Lehrjahre (= Münchner Ausgabe 5), hg. v. H. J. Schings, München 1988, S. 311.

190 Vgl. zur Situation der bürgerlichen Frauen: Marie-Claire Hoock-Demarle, Die Frauen der Goethezeit, München 1990.

191 Vgl. u.a. Jürgen Schlumbohm, Freiheit – Die Anfänge der bürgerlichen Emanzipationsbewegung in Deutschland im Spiegel ihres Leitwortes, Düsseldorf 1975; Henri Brunschwig, Gesellschaft und Romantik in Preußen im 18. Jahrhundert. Die Krise des preußischen Staates am Ende des 18. Jahrhunderts und die Entstehung der romantischen Mentalität, Frankfurt a.M. u.a. 1975; Hans H. Gerth, Bürgerliche Intelligenz um 1800. Zur Soziologie des deutschen Frühliberalismus, Göttingen 1976[2].

192 Vgl. allgemein: Rolf Selbmann, Der deutsche Bildungsroman, Stuttgart 1984; Wilhelm Voßkamp, Der Bildungsroman als literarisch-soziale Institution. Begriffs- und funktionsgeschichtliche Überlegungen zum deutschen Bildungsroman am Ende des 18. und Beginn des 19. Jahrhunderts, in: Ch. Wagenknecht (Hg.), Zur Terminologie der Literaturwissenschaft, Stuttgart 1989, S. 337–352.

193 Jan Watt, Der bürgerliche Roman. Aufstieg einer Gattung. Defoe – Richardson – Fielding, Frankfurt a.M. 1974; L. Borinski, Der englische Roman des 18. Jahrhunderts, Wiesbaden 1978[2]; D. Mehl, Der englische Roman bis zum Ende des 18. Jahrhunderts, Düsseldorf 1977.

194 Zit. nach Erwin Wolff, Dichtung und Prosa im Dienste der Philosophie – Das philosophisch-moralische Schrifttum im 18. Jahrhundert, in: H.-J. Mühlenbrock (Hg.), Europäische Aufklärung, 2. Teil, Wiesbaden 1984, S. 155–201, hier S. 159.

195 Daniel Defoe, Robinson Crusoe, hg. v. N. Millar, München 1989[2].

196 Kurt Otten, Der englische Roman im 18. Jahrhundert, in: Mühlenbrock (Hg.), Europäische Aufklärung [wie Anm. 194], S. 265.

197 Zit. nach Watt, Der bürgerliche Roman [wie Anm. 193], S. 103.

198 Ebd., S. 243ff.

199 Otten, Der englische Roman [wie Anm. 196], S. 279.

200 Watt, Der bürgerliche Roman [wie Anm. 193], S. 243ff.

201 Henry Fielding, Die Geschichte des Tom Jones, eines Findlings, München 1966.

202 Watt, Der bürgerliche Roman [wie Anm. 193], S. 305ff.

203 Otten, Der englische Roman [wie Anm. 196], S. 284ff.

204 Lawrence Sterne, Das Leben und die Meinungen des Tristram Shandy, Darmstadt 1991[5].

205 T. Nonner, Identität und Idee. Lawrence Sternes »Tristram Shandy«, Heidelberg 1975.

206 Otten, Der englische Roman [wie Anm. 196], S. 298ff.

207 Goethe, Wilhelm Meisters Lehrjahre [wie Anm. 189], S. 613ff.

208 Ebd. Münchener Ausgabe 5, S. 288.

209 Gerhard Schulz, Die deutsche Literatur zwischen Französischer Revolution und Restauration, Bd. 1, München 1983, S. 308ff.

210 Gerhard Oestreich, Die Entwicklung der Menschenrechte und Grundfreiheiten, in: K. A. Bettermann/F. L. Neumann/H. C. Nipperdey (Hg.), Die Grundrechte, Berlin 1966, S. 1–124.

211 Birtsch, Grund- und Freiheitsrechte [wie Anm. 155]; Ders., Grund- und Freiheitsrechte von der ständischen zur spätbürgerlichen Gesellschaft, Göttingen 1987.

212 Gerhard Ritter, Ursprung und Wesen der Menschenrechte, in: Historische Zeitschrift 169 (1949), S. 233–263; Fritz Hartung, Die Entwicklung der Menschen- und Bürgerrechte von 1776 bis zur Gegenwart, Göttingen 1972[4]; Peter Wende, »Liberty« und »Property« in der politischen Theorie der Levellers. Ein Beitrag zur Entstehungsgeschichte des politischen Individualismus im England des 17. Jahrhunderts, in: Zeitschrift für historische Forschung 1 (1974), S. 147–173.

213 Hartung, Die Entwicklung der Menschen- und Bürgerrechte [wie Anm. 212], S. 41.

214 Ebd., S. 47.

Zeittafel

1492	Entdeckung Amerikas durch Chr. Kolumbus
1517	Thesenanschlag M. Luthers in Wittenberg
1524–1525	Deutscher Bauernkrieg
1534	Gründung des Jesuitenordens
1535	Hinrichtung von Thomas Morus
1541	Reformation in Genf durch J. Calvin
1545–1563	Konzil zu Trient
1555	Augsburger Religions- und Landfriede
1562–1598	Hugenottenkriege in Frankreich
1572	Bartholomäusnacht
1568–1648	Freiheitskrieg der Niederlande
1618–1648	Dreißigjähriger Krieg
1648	Westfälischer Friede
1649	Hinrichtung von Karl I. von England
1648–1653	Fronde-Aufstand in Frankreich
1662	Gründung der Royal Society in London
1683–1699	Türkenkriege
1688	Glorious Revolution
1705	Differential- und Integralrechnung von Leibniz und Newton
1709	Aufhebung von Port Royal (Jansenismus)
1738	Hinrichtung von J. Süß Oppenheimer
1740	Thronwechsel in Preußen, Österreich und Rußland
1755	Erdbeben von Lissabon
1756–1763	Siebenjähriger Krieg
1769	Erfindung der Dampfmaschine (J. Watt)
1781	Reform Kaiser Josephs II.
1775–1783	Freiheitskrieg der nordamerikanischen Kolonien
1784	Verbot des Illuminatenordens
1789	Französische Revolution
1793	Hinrichtung von Ludwig XVI. von Frankreich
1803	Reichsdeputations-Hauptschluß (Ende des Hl. Römischen Reichs Deutscher Nation)

Auswahlbibliographie

Ariès, Philippe/Roger Chartier (Hg.), Von der Renaissance zur Aufklärung (= Geschichte des privaten Lebens, Bd. 3), Frankfurt a. M. 1991².

Barkhoff, Jürgen/Eda Sagarra (Hg.), Anthropologie und Literatur um 1800, München 1992.

Barta, Ilsebill/Zita Breu u. a. (Hg.), Frauen, Bilder, Männer, Mythen. Kunsthistorische Beiträge, Berlin 1987.

Bezold, Raimund, Popularphilosophie und Erfahrungsseelenkunde im Werk von Karl Philipp Moritz, Würzburg 1984.

Birtsch, Günter (Hg.), Grund- und Freiheitsrechte von der ständischen zur spätbürgerlichen Gesellschaft, Göttingen 1987.

Blumenberg, Hans, Säkularisierung und Selbstbehauptung, Frankfurt a. M. 1974.

Bödecker, Hans Erich, Die Religiosität der Gebildeten, in: Wolfenbütteler Studien (1988).

Boehm, Gottfried, Bildnis und Individuum. Über den Ursprung der Porträtmalerei in der italienischen Renaissance, München 1985.

Boehm, Gottfried/Enno Rudolph (Hg.), Individuum. Probleme der Individualität in Kunst, Philosophie und Wissenschaft, Stuttgart 1994.

Boerner, Peter, Tagebuch, Stuttgart 1969.

Bossy, John, Christianity in the West 1400–1700, Oxford 1985.

Brose, Hanns-Georg/Bruno Hildenbrand (Hg.), Vom Ende des Individuums zur Individualität ohne Ende, Opladen 1988.

Buchholz, Magdalena, Die Anfänge der deutschen Tagebuchschreibung, Münster 1982.

Buck, August (Hg.), Biographie und Autobiographie in der Renaissance, Wiesbaden 1983.

Bürger, Peter, Der Privatbrief, in: DVjs 50 (1976), S. 281–297.

Burke, Peter, Helden, Schurken und Narren. Europäische Volkskultur in der frühen Neuzeit, Stuttgart 1981.

Davis, Natalie Zemon, Frauen und Gesellschaft am Beginn der Neuzeit. Studien über Familie, Religion und die Wandlungsfähigkeit des sozialen Körpers, Berlin 1986.

Dies., Humanismus, Narrenherrschaft und die Riten der Gewalt. Gesellschaft und Kultur im frühneuzeitlichen Frankreich. Mit einem Nachwort von Norbert Schindler, Frankfurt a. M. 1987.

Dies., Der Kopf in der Schlinge. Gnadengesuche und ihre Erzähler, Berlin 1988.

Dessoir, Max, Geschichte der neueren deutschen Psychologie, Amsterdam (ND) 1964².
Dülberg, Angelika, Privatporträts. Geschichte und Ikonologie einer Gattung im 15. und 16. Jahrhundert, Berlin 1990.
Dülmen, Richard van, Die Gesellschaft der Aufklärer. Zur bürgerlichen Emanzipation und aufklärerischen Kultur in Deutschland, Frankfurt a. M. 1986.
Ders., Kultur und Alltag in der frühen Neuzeit, 3 Bde., München 1990–1994.
Ders., Gesellschaft der Frühen Neuzeit: kulturelles Handeln und sozialer Prozeß. Beiträge zur historischen Kulturforschung, Wien 1993.
Dumont, Louis, Individualismus. Zur Ideologie der Moderne, Frankfurt a. M. 1991.
Ebers, Nicola, »Individualisierung«. Georg Simmel – Norbert Elias – Ulrich Beck, Würzburg 1994.
Ebrecht, Angelika u. a. (Hg.), Brieftheorie des 18. Jahrhunderts. Texte, Kommentare, Essays, Stuttgart 1990.
Elias, Norbert, Über den Prozeß der Zivilisation. Soziogenetische und psychogenetische Untersuchungen, 2 Bde., Bern 1969².
Ders., Die Gesellschaft der Individuen, Frankfurt a. M. 1987.
Erikson, Erik H., Der junge Mann Luther. Eine psychoanalytische und historische Studie, Frankfurt a. M. 1975.
Fabian, Bernhard u. a. (Hg.), Deutschlands kulturelle Entfaltung. Die Neubestimmung des Menschen, München 1980.
Frank, Manfred/Anselm Haverkamp (Hg.), Individualität, München 1988.
Freudenthal, Gideon, Atom und Individuum im Zeitalter Newtons. Zur Genese der mechanistischen Natur- und Sozialphilosophie, Frankfurt a. M. 1982.
Friedeburg, Robert von, Sündenzucht und sozialer Wandel. Earls Colne (England); Ipswich und Springfield (New England) c. 1524–1690 im Vergleich, Stuttgart 1993.
Fuchs, Hans Jürgen, Entfremdung und Narzißmus. Semantische Untersuchungen zur Geschichte der »Selbstbezogenheit« als Vorgeschichte von französisch »amour-propre«, Stuttgart 1977.
Fülleborn, Ulrich/Manfred Engel (Hg.), Das neuzeitliche Ich in der Literatur des 18. und 20. Jahrhunderts, München 1988.
Gampl, Inge, Staat – Kirche – Individuum in der Rechtsgeschichte Österreichs zwischen Reformation und Revolution, Wien 1984.
Ganter, P., Das literarische Porträt in Frankreich im 17. Jahrhundert, Berlin 1939.
Gauchet, Marcel, Die Erklärung der Menschenrechte. Die Debatte um die bürgerlichen Freiheiten 1789, Reinbek 1991.
Giesen, Bernhard (Hg.), Nationale und kulturelle Identität. Studien zur Entwicklung des kollektiven Bewußtseins in der Neuzeit, Frankfurt a. M. 1991².
Götz-Mohr, Brita von, Individuum und soziale Norm. Studien zum italienischen Frauenbildnis des 16. Jahrhunderts, Frankfurt a. M. 1987.

Grävenitz, Gerhart von, Das Ich am Rande. Zur Topik der Selbstdarstellung bei Dürer, Montaigne und Goethe, Konstanz 1989.
Greenblatt, Stephen, Psychoanalyse und die Kultur der Renaissance, in: Ders., Schmutzige Riten. Betrachtungen zwischen Weltbildern, Berlin 1991, S. 89–106.
Greyerz, Kaspar von, Vorsehungsglaube und Kosmologie. Studien zu englischen Selbstzeugnissen des 17. Jahrhunderts, Göttingen 1990.
Grimm, Reinhold (Hg.), Vom Anderen und vom Selbst. Beiträge zur Frage der Biographie und Autobiographie, Königstein/Ts. 1982.
Gurjewitsch, Aaron J., Das Individuum im europäischen Mittelalter, München 1994.
Habermas, Jürgen, Strukturwandel der Öffentlichkeit. Untersuchungen zu einer Kategorie der bürgerlichen Gesellschaft, Neuwied 1969[4].
Hahn, Alois/Volker Kapp (Hg.), Selbstthematisierung und Selbstzeugnis: Bekenntnis und Geständnis, Frankfurt a. M. 1987.
Hahn Alois/Herbert Willems, Wurzeln moderner Subjektivität und Individualität, in: K. Eibl/H. Willems, Individualität (= Aufklärung 9/2 (1996), S. 7–37).
Heller, Agnes, Der Mensch der Renaissance, Köln-Lövenich 1982.
Heuschele, Otto, Der deutsche Brief. Wesen und Welt. Eine Studie, Stuttgart 1938.
Hirschmann, Albert, Leidenschaften und Interessen. Politische Begründungen des Kapitalismus vor seinem Sieg, Frankfurt a. M. 1980.
Jessen, Jens, Bibliographie der Autobiographien, 3 Bde., München 1987–1989.
Kittsteiner, Heinz, Die Entstehung des modernen Gewissens, Frankfurt a. M. 1991.
Kluxen, Andrea M., Das Ende des Standesporträts. Die Bedeutung der englischen Malerei für das deutsche Porträt 1760–1848, München 1989.
Krauss, Werner, Zur Anthropologie des 18. Jahrhunderts. Die Frühgeschichte der Menschheit im Blickpunkt der Aufklärung, Berlin 1987.
Kon, Igor S., Die Entdeckung des Ich, Köln 1983.
Leitner, Hartmann, Lebenslauf und Identität. Die kulturelle Konstruktion von Zeit in der Biographie, Frankfurt a. M. 1982.
Macfarlane, Alan, The origins of English individualism. The family, property and social transition, Oxford 1978.
Macpherson, C. B., Die politische Theorie des Besitzindividualismus von Hobbes bis Locke, Frankfurt a. M. 1973.
Maier-Petersen, Magdalene, Der »Fingerzeig Gottes« und die »Zeichen der Zeit«. Pietistische Religiosität auf dem Weg zu bürgerlicher Identitätsfindung, untersucht an Selbstzeugnissen von Spener, Francke und Oettinger, Stuttgart 1984.
Marquard, Odo/Karlheinz Stierle (Hg.), Identität, München 1979.

Misch, Georg, Geschichte der Autobiographie, 4 Bde., Frankfurt a. M. 1950–1969.
Muchembled, Robert, Die Erfindung des modernen Menschen. Gefühlsdifferenzierung und kollektive Verhaltensweisen im Zeitalter des Absolutismus, Reinbek 1990.
Mühlmann, Wilhelm Emil, Geschichte der Anthropologie, Frankfurt a. M. 1968².
Müller, Klaus-Detlef, Autobiographie und Roman. Studien zur literarischen Autobiographie der Goethezeit, Tübingen 1976.
Neumann, Bernd, Identität und Rollenzwang. Zur Theorie der Autobiographie, Frankfurt a. M. 1970.
Niggl, Günter (Hg.), Die Autobiographie. Zu Form und Geschichte einer literarischen Gattung, Darmstadt 1989.
Ders., Geschichte der deutschen Autobiographie im 18. Jahrhundert. Theoretische Grundlegung und literarische Entfaltung, Stuttgart 1977.
Oestreich, Gerhard, Die Entwicklung der Menschenrechte und Grundfreiheiten, in: K. A. Bettermann/Fr. L. Neumann/H. C. Nipperdey (Hg.), Die Grundrechte. Handbuch der Theorie und Praxis der Grundrechte, Berlin 1966, S. 1–123.
Pascal, Roy, Die Autobiographie. Gehalt und Gestalt, Stuttgart 1965.
Pfotenhauer, Helmut, Literarische Anthropologie. Selbstbiographien und ihre Geschichte. Am Leitfaden des Leibes, Stuttgart 1987.
Roper, Lyndal, Ödipus und der Teufel. Körper und Psyche in der Frühen Neuzeit, Frankfurt a. M. 1995.
Rudolph, Enno, Odyssee des Individuums. Zur Geschichte eines vergessenen Problems, Stuttgart 1991.
Ders., Die Entdeckung des Individuums in der Philosophie der Renaissance, in: S. Vietta (Hg.), Romantik und Renaissance. Die Rezeption der italienischen Renaissance in der deutschen Romantik, Stuttgart 1994, S. 15–32.
Sabean, David Warren, Das zweischneidige Schwert. Herrschaft und Widerspruch im Württemberg der frühen Neuzeit, Frankfurt a. M. 1990.
Sachße, Christoph/Florian Tennstedt (Hg.), Soziale Sicherheit und soziale Disziplinierung, Frankfurt a. M. 1986.
Sagarra, Eda, Quellenbibliographie autobiographischer Schriften von Frauen im deutschen Kulturraum 1730–1918, in: Internationales Archiv für Sozialgeschichte der deutschen Literatur 11 (1986), S. 175–231.
Saltzwedel, Johannes, Das Gesicht der Welt. Physiognomisches Denken in der Goethezeit, München 1993.
Schilling, Heinz (Hg.), Kirchenzucht und Sozialdisziplinierung im frühneuzeitlichen Europa, Berlin 1994.
Schings, Hans-Jürgen (Hg.), Der ganze Mensch. Anthropologie und Literatur im 18. Jahrhundert, Stuttgart 1994.
Schlaeger, Jürgen, Das Ich als beschriebenes Blatt. Selbstverschriftlichung und

Erinnerungsarbeit, in: A. Haverkamp/ R. Lachmann (Hg.), Memoria. Vergessen und Erinnern, München 1993, S. 315–334.

Schlumbohm, Jürgen, »Traditionale« Kollektivität und »moderne« Individualität. Einige Fragen und Thesen für eine historische Sozialisationsforschung: Kleines Bürgertum und gehobenes Bürgertum um 1800 als Beispiele, in: R. Vierhaus (Hg.), Bürger und Bürgerlichkeit im Zeitalter der Aufklärung, Heidelberg 1981, S. 265–320.

Schrader, Wolfgang H., Ethik und Anthropologie in der englischen Aufklärung. Der Wandel der moral sense theorie von Shaftesbury bis Hume, Hamburg 1984.

Schuler, Peter-Johannes (Hg.), Die Familie als sozialer und historischer Verband. Untersuchungen zum Spätmittelalter und zur Frühen Neuzeit, Sigmaringen 1987.

Schulze, Winfried, Vom Gemeinnutz zum Eigennutz. Über den Normenwandel in der ständischen Gesellschaft der frühen Neuzeit, in: Historische Zeitschrift 243 (1986), S. 591–626.

Ders., Das Wagnis der Individualisierung, in: Th. Cramer (Hg.), Wege in die Neuzeit, München 1988, S. 270–286.

Ders. (Hg.), Ego-Dokumente. Annäherung an den Menschen in der Geschichte, Berlin 1996.

Soeffner, Hans-Georg, Luther – Der Weg von der Kollektivität des Glaubens zu einem lutherisch-protestantischen Individualitätstypus, in: Ders., Die Ordnung der Rituale. Die Auslegung des Alltags 2, Frankfurt a. M. 1992, S. 70–75.

Sonntag, Michael/Gerd Jüttemann (Hg.), Individuum und Geschichte. Beiträge zu einer historischen Psychologie, Heidelberg 1993.

Starobinski, Jean, Montaigne: Denken und Existenz, Frankfurt a. M. 1993[2].

Steinhausen, Georg, Geschichte des deutschen Briefes. Zur Kulturgeschichte des deutschen Volkes, 2 Bde., Berlin 1889–1891.

Stone, Lawrence, The Family, Sex and Marriage in England 1500–1800, London 1977.

Taylor, Charles, Quellen des Selbst. Die Entstehung der neuzeitlichen Identität, Frankfurt a. M. 1994.

Ullmann, Walter, Individuum und Gesellschaft im Mittelalter, Göttingen 1974.

X Wende, Peter, »Liberty« und »Property« in der politischen Theorie der Levellers. Ein Beitrag zur Entstehungsgeschichte des politischen Individualismus im England des 17. Jahrhunderts, in: Zeitschrift für historische Forschung 1 (1974), S. 147–173.

Wenzel, Horst (Hg.), Typus und Individualität im Mittelalter, München 1983.

Weymann, Ansgar (Hg.), Handlungsspielräume. Untersuchungen zur Individualisierung und Institutionalisierung von Lebensläufen in der Moderne, Stuttgart 1989.

Worstbrock, Franz Josef (Hg.), Der Brief im Zeitalter der Renaissance, Weinheim 1983.
Wunder, Heide/Christina Vanja (Hg.), Wandel der Geschlechterbeziehungen zu Beginn der Neuzeit, Frankfurt a. M. 1991.
Wuthenow, Ralph-Rainer, Das Bild und der Spiegel. Europäische Literatur im 18. Jahrhundert, München 1984.
Ders., Das erinnerte Ich. Europäische Autobiographie und Selbstdarstellung im 18. Jahrhundert, München 1974.

Abbildungsnachweis

S. 22 Luther vor Kaiser Karl V. auf dem Reichstag zu Worms 1521. Titelholzschnitt eines Berichts über die Reichstagsverhandlungen, 1521.

S. 37 Albrecht Dürer, Selbstbildnis im Pelzrock von 1500. Alte Pinakothek, München.

S. 42 Beichtstuhlentwurf von Paul Heinecken (1680 bis 1746). Museum für Kunst und Gewerbe, Hamburg.

S. 49 Evangelischer Gemeindegottesdienst 1561. Danmarks Nationalmuseum Kopenhagen D 931.

S. 71 Mensch-Tier-Vergleiche, aus: Giambattista della Porta, De Humana Physiognomia, 1586.

S. 115 »Der Ehestand ist von Gott gestifft« (1661). Symbolischer Kupferstich von M. Kusell (nach G. Strauch). Germanisches Nationalmuseum, Nürnberg.

S. 122 Werther am Schreibpult, die Pistole in der Hand. Aquarell eines unbekannten Zeitgenossen.

Namenregister